Der Autor Prof. Klaus Birker, Diplomkaufmann, beschäftigt sich mit den verschiedensten Aspekten der Kommunikation, Personal- und Organisationsentwicklung sowie der Betriebspsychologie. Auf der Basis humanistischer Psychologie verfügt er über Erfahrungen in themenzentrierter Interaktion (TZI), Transaktionsanalyse (TA), Gestalttherapie und NLP. Sein besonderes Anliegen ist es, dem einzelnen Wege aufzuzeigen, persönliche Fähigkeiten und Ressourcen zu erschließen und konstruktiv zu handeln. Nach über 20 Jahren leitender Tätigkeit in der Wirtschaft lehrt er als Professor für Betriebswirtschaft an der Fachhochschule Rheinland-Pfalz. Seit 1987 ist er zusammen mit seiner Frau im «ABV-Institut für angewandte Betriebsorganisation und Verhaltenspsychologie» als Berater, Trainer und Coach tätig.

Die Co-Autorin Prof. Dr. Barbara Schott interessierte sich schon immer dafür, was herausragende Menschen anders machen. Vor allem während ihres Studiums in den USA bildete sie sich in verschiedenen Richtungen der Humanwissenschaften wie TA und TZI und besonders auch NLP. Als Filialdirektorin einer großen Versicherungsgesellschaft setzte sie viele Jahre ihre Erfahrungen auf den Gebieten Motivation und Kommunikation um. Derzeit entwickelt die Professorin der Fachhochschule Nürnberg gemeinsam mit ihren Studenten neue NLP-Konzepte, die dem einzelnen sowohl privat als auch beruflich größeren Erfolg bei der Umsetzung seiner Ziele und mehr Freude am Leben ermöglichen. In ihrem Institut «NLP-Praxis» berät sie sowohl Manager als auch Privatpersonen.

Von den Autoren im Rowohlt Taschenbuch Verlag bereits erschienene Titel: «Cool bleiben» (9603), «Gut drauf sein, wenn's schiefgeht» (9604), «Andere Wege wagen» (9605), «Freunde finden» (9668), «Prüfungsstreß ade» (9669), «Kompetent verhandeln» (9773), «Schüchternheit überwinden» (9774), «Selbstbewußt auftreten» (9905), «Souverän mit Kunden umgehen» (9796).
Im Rahmen des NLP-Psycho-Power-Programms erschien auch «Das Rauchen aufgeben» (9956) von Cora Besser-Siegmund.

Barbara Schott / Klaus Birker

Mut zur Entscheidung

NLP – Das Psycho-Power-Programm

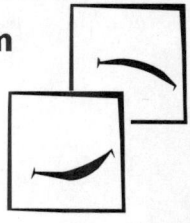

Rowohlt

Was ist NLP?

Den Schatz unserer unbewußten Fähigkeiten zu heben, das hatten sich der Informatiker und Psychologe Richard Bandler und der Sprachforscher John Grinder vorgenommen. Die beiden US-Forscher begannen Mitte der siebziger Jahre unbewußte Verhaltensweisen und Stimmungen zu untersuchen, um herauszufinden, wie sie besser gesteuert werden können. Wie lassen sich Verhaltensweisen von Spitzenkönnern auf andere übertragen? – Diese Frage faszinierte sie, und sie beobachteten jahrelang minuziös die erfolgreichsten Menschen der Welt, u. a. die berühmten Therapeuten Milton Erickson, Fritz Perls und Virginia Satir. Dabei gingen sie von der Annahme aus, daß es wohl am schwierigsten ist, anderen Menschen therapeutische Heilung zu vermitteln. Wem es gelingt, Patienten vom Vorteil eines gesunden Lebens zu überzeugen, so ihre Schlußfolgerung, der muß ein wirkliches Kommunikationsgenie sein! Es gelang ihnen, durch Beobachtung zu ganz neuen Erkenntnissen über körpersprachliche und verbale Signale unseres Unbewußten zu kommen, die es möglich machten, diese bisher un-

bewußte Steuerung unseres Verhaltens bewußt wahrzunehmen und zu beeinflussen. Mit Erfahrungen aus der Welt der Informatik, der Sprachforschung und der Computerwissenschaft versuchten die NLP-Erfinder Funktionsweisen des menschlichen Gehirns besser zu verstehen. Die Kernthese des NLP lautet: Alle unsere Erfahrungen werden im Gehirn durch neuronale (neuro) Verknüpfungen gespeichert, die sprachlich (linguistisch) mitgeteilt werden können. Diese Speicherungen (Programmierungen) können verändert  werden. Durch das Neuro-Linguistische Programmieren, kurz NLP, können wir unser Verhalten ergründen und positiv beeinflussen. NLP ist die Anleitung zur Ausschöpfung unserer unbewußten Fähigkeiten.

So funktioniert das Psycho-Power-Programm

Soll ich, oder soll ich nicht?

«Ziehe ich heute lieber das grüne Kleid oder doch besser das neue Kostüm an?» fragt sich Sonja wie viele Frauen am Morgen.

«Soll ich für meinen Beruf in eine andere Stadt ziehen oder lieber meinen jetzigen Job behalten und hier wohnen bleiben?»

«Ist es besser, direkt nach dem Abitur ein Studium zu beginnen, oder soll ich zunächst eine Lehre machen, und wenn ja, welche?»

Entscheidungen begleiten uns das ganze Leben. Manchmal haben sie erhebliche Auswirkungen auf unser zukünftiges Leben, meist sind sie jedoch alltäglich und von geringerer Bedeutung. Manche Menschen treffen selbst komplexe Entscheidungen schnell und sicher; andere sind bereits bei nebensächlichen Themen unschlüssig.

In diesem Buch geht es sowohl um die kleinen als

auch um die großen und bedeutsamen Entscheidungen. Es wendet sich an jene, die ihre Entscheidungen eher zögernd treffen und sie dann nochmals in Zweifel ziehen, sich aber wünschen, mutiger zu werden. Mut zu Entscheidungen zu haben heißt nicht nur, sich in angemessener Zeit entschließen zu können und zu dieser Entscheidung zu stehen, sondern es heißt auch, die Alternativen und Konsequenzen zu beachten. Dabei können entscheidungsfreudige Menschen als Vorbild und Modell dienen, und auch die Reflexion des Entscheidungsprozesses kann dabei helfen, sich über seine Wünsche und Ziele klarzuwerden.

Maria überlegt, ob sie im nächsten Urlaub zum zwölftenmal mit ihren Freunden an den gleichen Urlaubsort fahren soll oder vielleicht doch lieber einmal allein und auf eigene Faust etwas Neues entdecken möchte. Für die erste Alternative spricht, daß sie mit Bekannten in einer vertrauten Umgebung wäre. Das gibt ihr Geborgenheit. Auf der anderen Seite steht das Abenteuer, sie könnte ja auch mal etwas ganz anderes machen. Dann müßte sie aber auch auf viele Annehmlichkeiten verzichten und mit Überraschungen allein fertig werden. Maria nimmt sich vor, mit ihrer Freundin Katrin darüber zu sprechen. Katrin hatte ihr schon einmal bei anderer Gelegenheit gesagt: «Du mußt dir darüber klarwerden, was dir wirklich wichtig ist, welches deine Ziele sind, dann kannst du dich auch entscheiden. Vielleicht ergeben sich dabei sogar noch zusätzliche Varianten.» Das klang gut. Nur wußte Maria immer noch nicht, wie sie denn nun herausfinden sollte, was ihr wirklich wichtig war. Wie kann man sich Klarheit über die entscheidenden Ziele verschaffen? Wir werden auf Maria zurückkommen, wenn sie sich mit Katrin darüber unterhält.

Bei Christian liegt das Problem etwas anders. Er will in der Personalabteilung nach einem zinsgünstigen Kredit fragen, den er für den Kauf eines neuen Autos braucht, das er gelegentlich auch geschäftlich benötigt. Nun kann er sich nicht entscheiden, ob er einen schriftlichen Antrag einreichen oder ein Gespräch führen soll. Christian weiß, was er will, aber er kann sich nicht entscheiden, welcher Weg besser wäre. Seine Unentschlossenheit bezieht sich auf die Umsetzung, darauf, wie er sein Ziel erreichen kann. Auch auf Christians Problem werden wir zurückkommen.

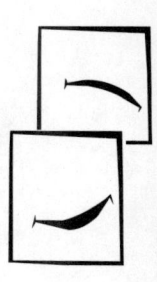

Peter plant für seinen Handwerksbetrieb die Anschaffung einer größeren Maschine. Er ist aber immer wieder unentschlossen. Wenn er in den nächsten Jahren genügend gute Aufträge erhält, wäre es eine lohnenswerte Anlage. Aber wenn er zur Kurzarbeit gezwungen wäre, dann brächte ihm die Investition zusätzliche Belastungen. Wie wird sich die wirtschaftliche Lage entwickeln? Wird sein Betrieb gesund bleiben? Peters Entscheidung hängt also sehr davon ab, wie er die künftige wirtschaftliche Entwicklung einschätzt. Da er die Zukunft niemals sicher vorhersagen kann, bleibt die Investition ein Risiko. Gefragt ist der Mut zur Entscheidung. Auch Peter werden wir bei seiner Entscheidungsfindung begleiten.

Schließlich ist da die Kindergärtnerin Julia. Ihr Traum ist es, eine Ausbildung als Designerin zu machen. Sie ist sich dessen ganz sicher, aber ihre Mutter meint: «Kindergärtnerin paßt doch viel besser zu einer jungen Frau, zumal, wenn du später auch einmal eigene Kinder haben wirst.» Und ihr Mann fügt hinzu: «Du mußt es ja wissen; aber wenn du mehr Sinn für die Familie hättest, würdest du jetzt nicht noch einmal eine neue Ausbildung beginnen.» Julia ist unentschlossen: «Ich weiß, was ich will, aber wie werden die anderen reagieren?» Es gehört Mut dazu, sich für ein Vorhaben zu entscheiden, wenn Freunde und Familienangehörige sich dagegen aussprechen und wenn die Folgen dieser Entscheidung nicht abzusehen sind. In so einem Fall müssen wir auch entscheiden, wieviel Einfluß wir anderen auf unsere Lebensplanung geben wollen.

Julia grübelt weiter: «Was wird, wenn ich es nicht schaffe, habe ich mich dann blamiert? Übernehme ich mich nicht? Habe ich wirklich genug Talent?» Auch diese Zweifel an unseren eigenen Fähigkeiten erschweren die Entscheidung.

Soll ich oder soll ich nicht? Welche von mehreren Möglichkeiten soll ich auswählen? Für welchen Weg soll ich mich entscheiden, um ans Ziel zu gelangen? Wie läßt sich die richtige Entscheidung finden, ob-

Entscheidungen treffen

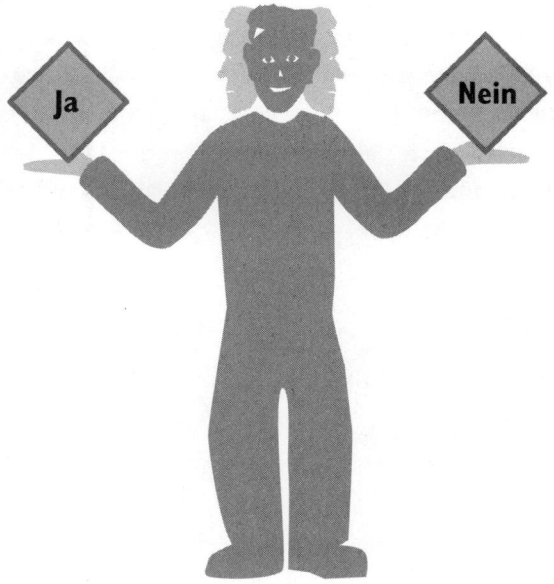

Soll ich, oder soll ich nicht?

gleich alles unsicher und riskant ist? Kann ich zu meiner Entscheidung stehen, wenn ich selbst oder andere an ihrer Richtigkeit zweifeln? All diese Fragen können eine schnelle und sichere Entscheidung behindern.

Entscheidungen schließen den gedanklichen Prozeß ab, der einer Handlung vorausgeht. Ob wir Entscheidungen nun bewußt oder unbewußt treffen, solange wir noch zögern in unserem Entschluß, so lange zögern wir auch mit dem Beginn des aktiven Handelns.  Auch rechtzeitiges, aktives Handeln erfordert Mut zur Entscheidung. Und um solchen Mut zum Handeln geht es in diesem Buch.

Mut ja, aber kein Übermut

Ruth ist Büroangestellte und mit ihrer derzeitigen Tätigkeit nicht sehr zufrieden. Am Wochenende trifft sie ihre Freundin Lena, die in einer Kanzlei arbeitet. Lena erzählt ihr, daß in ihrer Kanzlei eine zusätzliche Kraft eingestellt werden soll: «Warum bewirbst du dich nicht, Ruth? Dann hast du nette Kolleginnen, der Chef ist freundlich, und das Gehalt ist auch besser als dein jetziges!» Ruth ist unschlüssig. Sie würde schon gerne, aber sie müßte sich in eine neue Branche einarbeiten. Was passiert, wenn sie es nicht schafft? Vielleicht bekäme sie die Stelle ja auch gar nicht. Ruth geht es so wie vielen, wenn sie eine Entscheidung treffen müssen: Sie hat Angst vor dem Neuen.

Vorsicht vor dem Fremden, Unbekannten ist eine uralte und notwendige Verhaltensweise im Kampf ums Überleben. Ein Beispiel: Auch heute noch ist es sicherer, bei einem Pilz oder einer Frucht, die man nicht kennt, davon auszugehen, daß sie giftig sein könnte, als unbekümmert zu glauben, es werde schon gutgehen. Die Abwehr des Fremden zeigt sich in zwei Grundreaktionen: Angriff oder Flucht, je nachdem, wie stark wir uns in der jeweiligen Situation fühlen.

Dieses Verhaltensmuster wird auch als «Neandertal-Effekt» bezeichnet, da es vom Stammhirn, dem ältesten Teil unseres Gehirns, gesteuert wird. Angst, z. B. vor Neuem, ist ein typischer Auslöser für solche Momente, in denen wir uns auf die beiden Alternativen Angriff oder Flucht vorbereiten und begrenzen. Beides erforderte eine körperliche Bereitschaft. Heute sind die Probleme zumeist nicht mehr mit körperlicher Gewalt zu lösen. Flucht zeigt sich in innerem Rückzug, Erstarren, Niedergeschlagenheit, Sprachlosigkeit oder Unentschlossenheit. Formen des Angriffs sind Wut, Ärger, Aggressivität oder Trotz.

Während sie zu Hause am Schreibtisch sitzt, um ihre Bewerbung zu schreiben, spürt Ruth, wie ihr Herz höher schlägt und ihr Atem schneller geht. Sie fühlt sich wie gelähmt. Schließlich ruft sie ihre Freundin Lena an, die ihr rät, sich professionelle Beratung zu suchen. Am nächsten Tag meldet sie sich zu einem Seminar an. In diesem Seminar lernt sie, daß es gut ist, diese körperlichen Veränderungen an sich wahrzunehmen. Wenn man sie bemerkt, kann man sie auch deuten. Muskelanspannung, steigender Blutdruck, Temperatur und Zuckerspiegel, ein höher schlagendes Herz und schneller, kurzer Atem etc. sind körperliche Reaktionen auf Ängste und die Vorbereitung auf Angriff oder Flucht. In diesem Moment reduzieren wir uns mental auf einen blockierten Zustand. Die erhöhte Bereitstellung der Energie in den Muskeln führt zur Reduktion in anderen Bereichen, z. B. bei der Ver-

Der Neandertal-Effekt

**Es gibt zwei Urformen, auf Fremdes und
Unbekanntes zu reagieren – Flucht oder Angriff**

dauung, und dann sagt der Volksmund: «Das ist ihm auf den Magen geschlagen.» Leider war in Momenten schneller Reaktionen im Kampf auch das analytische Denken nicht gefragt, so daß die Durchblutung des Großhirns bis zu 20 % reduziert wird. Aber für unsere heutigen Probleme brauchen wir in aller Regel einen wachen Verstand, insbesondere bei Entscheidungsfragen.

Ruths Wunsch nach Veränderung wird blockiert durch die Angst vor dem Neuen, so daß sie unentschlossen ist und zu keinem Ergebnis kommt. In ihrem Seminar lernt sie, sich aus diesem blockierten Zustand zu lösen und für neue Überlegungen frei zu werden. Das Neue ist keine momentane Bedrohung, angst machen die in die Zukunft gerichteten Befürchtungen, was geschehen könnte. Ruth löst sich aus dem blockierten Zustand, indem sie sich körperlich entspannt und gedanklich klarmacht, daß sie die verschiedenen Alternativen frei und ohne Druck gegeneinander abwägen kann.

Ruth stellt sich folgende Fragen: Welche zusätzlichen Kenntnisse bräuchte sie für die neue Stelle? Welche Voraussetzungen bringt sie dafür mit? Wer kann ihr beim Lernen helfen? Sie konzentriert sich mehr und  mehr auf die mit der Entscheidungsfindung zusammenhängenden Themen. Was erwartet sie von der neuen Stelle? Was wäre, wenn sie nicht wechselte? Ruth hat sich aus der Enge des blockierten Zustandes gelöst. Aber sie verdrängt ihre Bedenken nicht. Sie nimmt sie wahr und leitet daraus ihre Fragen ab, deren Beantwortung zur Entscheidungsfindung beitragen.

Die Fragen scheinen Ruth wichtig, aber sie kann sie nicht sofort beantworten. Bevor ihre Zweifel erneut zu Ängsten führen können, geht die Seminarleiterin einen weiteren Schritt mit Ruth: Sie leitet sie an, in ihren kreativen Energiezustand zu wechseln. Dies ist der Zustand, in dem wir Zugang zu unseren umfassenden, oft im Unbewußten schlummernden Ressourcen finden, in dem wir neue Wege denken und befriedigende Lösungen entwickeln können. Hier sind wir kreativ, ziel- und lösungsorientiert.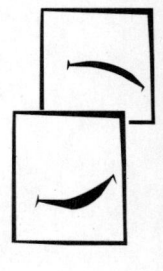

Dieser Zustand ist das Gegenteil des blockierten, in dem wir uns gedanklich im Kreis drehen. Zumeist ist es uns nicht möglich, vom blockierten Zustand direkt in den kreativen zu wechseln. Eine gute Möglichkeit, die einengende Verfassung schrittweise aufzulösen, ist die Besinnung auf das Hier und Jetzt. Dies geschieht durch die bewußte Wahrnehmung der Umgebung, der eigenen Befindlichkeit und durch das Aktivieren hilfreicher Fragen oder durch die Veränderung von Körperhaltung und Physiologie.

Zum Auslösen des kreativen Energiezustandes stehen uns wiederum verschiedene Möglichkeiten zur Verfügung. Die Seminarleiterin bittet Ruth, sich daran zu erinnern, wann sie sich bereits erfolgreich neuen Herausforderungen gestellt hat. Indem Ruth in der Erinnerung die damalige Situation nochmals erlebt, kann sie ihre schöpferische Energie erneut aktivieren. In welchem Ausmaß wir die in uns liegenden Ressourcen für unser Handeln einsetzen, hängt von dem Zustand ab, in dem wir uns gerade befinden:

- **Im blockierten Zustand** sind wir eingeengt und von unseren Fähigkeiten abgeschnitten. Wir hängen fest. Auch die Außenwelt wird zumeist nur noch eingeengt wahrgenommen.

- **Im Zustand der Neuorientierung** nehmen wir unser Umfeld und die Situation besonders aufgeschlossen wahr. Dadurch können wir zusätzliche Informationen erhalten und uns auf sinnvolle Fragestellungen einstimmen.

- **Im schöpferischen Energiezustand** haben wir Zugang zu unseren Ressourcen und entwickeln die Kreativität, neue Wege zu denken. Auf unser Innerstes konzentriert aktivieren wir die Fähigkeit, konstruktive Lösungen zu entdecken.

Diese Zustände werden durch äußere Anlässe ausgelöst. Häufig nehmen wir die Reize nur unbewußt wahr. Dann besteht die Gefahr, daß wir aus dem jeweiligen Zustand heraus eher reagieren, statt bewußt und konstruktiv zu agieren. Durch die Erforschung des Reiz-Reaktions-Schemas hat NLP jedoch Wege entdeckt, wie wir gezielt die Anker setzen können, einen Zustand aufzulösen bzw. einen anderen auszulösen. Damit steht uns eine Methode zur Verfügung, für unsere mentale Verfassung und unser Handeln Verantwortung zu übernehmen. Eine gute Basis, Ent-

Finden Sie Ihre Kreativität!

Vom blockierten Zustand über die Neuorientierung in den schöpferischen Energiezustand gelangen

scheidungen zu treffen. Im Übungsteil kommen wir hierauf nochmals zurück.

 Ruth hat ihre Ängste und Bedenken nicht durch Euphorie verdrängt, sondern im Zustand der Neubesinnung die Themen erkannt, auf die sie sich einstellen muß. Sie hat die für sie richtigen Antworten gefunden. So bereitet sie sich z. B. fachlich durch den Besuch eines entsprechenden Volkshochschulkurses und einschlägige Literatur vor. Ferner nutzt sie die Informationen, die ihr ihre Freundin geben kann, u. a. um auch bei der Gehaltsfrage keine überzogenen, jedoch auch nicht zu geringe Vorstellungen zu nennen. Sie entscheidet sich für eine Bewerbung – trotz gewisser Bedenken. Diese Vorbehalte nimmt sie zum Anlaß, eventuelle Risiken zu bedenken, auf die sie sich nun so erfolgreich einstellt, daß sie die Stellung bekommt.

Von der Angst zum Mut

Ängste haben auch eine durchaus sinnvolle Funktion in unserem Leben, indem sie uns vor leichtsinnigen Aktionen schützen. Sie helfen uns, Risiken oder unkalkulierbare Gefahren zu meiden oder doch zumindest nicht unvorbereitet einzugehen. Oft sind solche Ängste das Ergebnis früherer Erlebnisse. Diese Erfahrungen ermöglichen es uns, nicht immer wieder die gleichen Fehler zu begehen: Die Angst vor einer heißen Herdplatte hilft, sich nicht immer wieder die Finger zu verbrennen.

Durch sein Vorstellungsvermögen kann sich der Mensch bereits Sorgen machen, bevor die entsprechende Situation überhaupt eingetreten ist. Dies wird oft als belastend, gelegentlich auch als lähmend empfunden. Es enthält jedoch auch die Fähigkeit, sich vorher zu sorgen und so Vorsorge treffen zu können: Wir nehmen Einfluß auf die Entwicklung oder zumindest darauf, wie wir uns auf sie vorbereiten, z. B. indem wir rechtzeitig unsere Fähigkeiten aktivieren. Ängste können also, statt uns zu blockieren, auch unsere Kreativität und unsere Fähigkeiten aktivieren. Sie werden zum Anlaß, Lernerfahrungen der Vergangenheit für die Zukunft situationsgerecht zu nutzen.

Leider haben nicht alle Menschen in ihrer Kindheit gelernt, mit Angst konstruktiv umzugehen. Dann kann es sein, daß sie in entsprechenden Situationen durch Unsicherheit bei der Entscheidungsfindung gelähmt werden. Das Beispiel von Ruth zeigt uns, daß dieser Zustand durchaus zielorientiert überwunden werden kann. Statt sich von Angst blockieren zu lassen, ignorieren manche Menschen die Angst und handeln forsch. Auch dies ist zumeist nicht sehr nützlich, da Gefahren nicht geringer werden, wenn wir uns verschließen und ihre Anzeichen übersehen oder überhören. Mit der mangelnden Wahrnehmung der Bedenken werden zwar die negativen Folgen der Angst vermieden, aber leider auch deren positive Seite: Sie

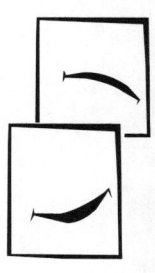

geben uns zusätzliche Informationen und wecken besondere Aufmerksamkeit. Dann wird der Mut zum Übermut gesteigert.

Unter Mut zur Entscheidung verstehen wir, bereits absehbare Konsequenzen bewußt mit einzubeziehen, auch wenn sich dadurch nicht alle Risiken ausschalten lassen. Dieser Mut zur Entscheidung ist kein Übermut, sondern die notwendige Voraussetzung, uns sinnvoll und konstruktiv zu verhalten und auch schwierige Situationen des Lebens zu bewältigen.

Zwei Seelen in einer Brust

Hartmut saß mit seiner Familie zusammen beim Frühstück. Am Nachmittag wollte er, zusammen mit seiner Frau und zwei befreundeten Ehepaaren, zu einer dreitägigen Fahrradtour aufbrechen. Am späten Vormittag wollten sie noch die Großmutter vom Bahnhof abholen, die während der Zeit auf die beiden Kinder aufpassen sollte. «Vati, kommst du gleich mit in die Stadt einkaufen und anschließend Oma vom Bahnhof abholen?» fragte sein achtjähriger Sohn. «Ja-aa», antwortete Hartmut, «ich denke schon.» – «Kommst du wirklich mit?» kam es zweifelnd von der kleinen Tochter. Jetzt fiel es auch Hartmut auf, daß er sehr zögerlich gesprochen hatte. Seine Stimme hatte eher unentschlossen geklungen. «Ich werde wohl doch vor der Tour lieber noch beim Fahrradgeschäft vorbeifahren», überlegte er. «Kommst du jetzt doch nicht mit?» staunte sein Sohn. «Ich weiß nicht, ich habe mich noch nicht entschlossen», wich Hartmut aus. Die Zerrissenheit war ihm förmlich anzusehen.

Oft fällt es uns schwer, zu einer Entscheidung zu gelangen, da sich immer eine innere Stimme meldet, die etwas anderes favorisiert. Gehen wir diesem anderen

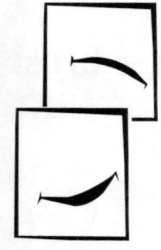

nach, so meldet sich wieder der erste Wunsch. Wir hören zwei Stimmen in uns, sehen zwei verschiedene Wege und spüren den Zwiespalt. Wir sind nicht in Übereinstimmung mit uns selbst. Der aufmerksame Beobachter kann das zumeist daran erkennen, daß das gesprochene Wort etwas anderes ausdrückt als Stimme, Tonfall und Mimik. Es ist wie bei einem Gremium, das sich nicht einstimmig entscheiden kann.

Hartmut spürte, wie durch den Zweifel Ungeduld in ihm aufkam. Er fühlte Unbehagen; immer wenn die Entscheidung sich zum einen neigte, mußte er an das andere denken. «Nie finde ich meine Ruhe. Immer wird irgend etwas von mir erwartet», dachte Hartmut resigniert. «Im Grunde genommen willst du doch beides gerne tun», rissen ihn die Worte seiner Frau aus dem Grübeln heraus, bevor er sich zu sehr negativen Gefühlen hingab. Sie hatte recht, es waren beides schöne Vorhaben. Beim Fahrradhändler wollte er sich einen neuen, bequemeren Sattel montieren lassen. Mit seiner Schwiegermutter verstand er sich gut, die Familie würde sicherlich auf dem Heimweg zunächst in eine Konditorei einkehren und viel Freude miteinander haben. Die beiden Stimmen in Hartmut wollten ihn also nicht an Pflichten ermahnen oder gar in seiner Entwicklung behindern, sondern ihn jede auf ihre Weise auf etwas Positives hinweisen.

Zwei Seelen – und manchmal auch mehr – wohnen in unserer Brust. Dies kann uns in unserer Entscheidungsfindung blockieren, wenn sie sich in ihrem Streben gegenseitig stören. Dabei muß kein grundsätzlicher Konflikt vorliegen wie bei Julia, die nicht weiß, ob sie Kindergärtnerin bleiben oder eine zusätzliche Ausbildung und einen neuen Beruf beginnen soll. In vielen Fällen gilt lediglich, daß wir nicht beides zur gleichen Zeit tun können. Situationen dieser Art sind im menschlichen Leben recht häufig, bei alltäglichen Fragestellungen bis hin zu gravierenden Problemen: Einerseits wollen wir ein Buch zu Ende lesen, andererseits möchten wir uns mit Freunden treffen, ein Teil in uns tendiert dazu, einen Brief, die Steuererklärung etc. fertigzustellen, ein anderer strebt nach Entspannung, hat Lust auf einen Ausflug und vieles andere mehr.

Schließen Sie einen Vertrag mit sich selbst

Sobald wir erkennen, daß beide Antriebe etwas Positives für uns anstreben, können wir auch beide akzeptieren. Wir können diese Seelen, diese Teile in uns, darüber verhandeln lassen, wie beide zu ihrem Recht kommen können, ohne sich gegenseitig zu behindern. Dann sind wir oft erstaunt, wie leicht sich Wege finden lassen, wie schnell sich ein Problem auflöst, das uns zuvor bedrückte und als unüberwindbar erschien. Hartmut entschied sich dafür, zunächst zum Fahrradhändler zu fahren, während die Familie mit dem Einkaufsbummel begann. Am Bahnhof wollten sie sich

dann treffen und gemeinsam die Großmutter vom Zug abholen.

Wie können wir in uns solch eine konstruktive Verhandlung führen? Welche Klippen müssen wir auf dem Weg dahin beachten?

Der erste Schritt besteht darin, die Situation zu erkennen: Wenn ich mich gerade für das eine entscheiden will, meldet sich das andere. Entschließe ich mich, dem anderen zu folgen, drängt sich das eine in den Vordergrund.

Erst wenn ich akzeptiere, daß beide Antriebe positive Absichten haben, die sich bisher nur noch nicht miteinander vereinbaren ließen, kann ich mich ihnen konstruktiv zuwenden. Worin liegt die positive Absicht der jeweiligen Stimme? Zum Fahrradhändler zu fahren hatte für Hartmut den Vorteil, daß er anschließend während der dreitägigen Fahrradtour einen bequemeren Sattel hätte. Zur Ankunft der Großmutter am Bahnhof zu sein brächte ihm die Freude, noch einige Stunden mit der ganzen Familie zu verbringen, bevor die Fahrradtour startete.

Die eigentliche «Verhandlung» besteht dann darin, zu erreichen, daß ein Wunsch sich zurückhält, während der andere erfüllt wird, ihm aber gleichfalls die notwendige Beachtung zugesichert wird.

Stimmen beide Bestrebungen der gefundenen Handlungsfolge zu und melden sich keine zusätzlichen anderen Bedenken, so kann die Entscheidung getroffen werden. Sie ist die gedankliche Vorausnahme des künftigen Verhaltens. Der Entscheidungsprozeß ist abgeschlossen. Die beiden Seelen in uns haben eine Art Vertrag ausgehandelt, von dem beide Seiten profitieren, da sie nun ihre jeweilige Absicht ungestört verwirklichen können. Das Ergebnis ist eine Zwei-Gewinner-Lösung.

Eine Klippe, die uns daran hindern kann, diesen Weg zu erkennen, ist der Druck, sich entscheiden zu müssen. Er kann zu Zwiespalt, Zerrissenheit und Blockade führen. Worte wie nie, immer, jedesmal etc. sind  Signale dafür, daß wir dazu neigen, zu generalisieren statt die Situation differenziert wahrzunehmen. Sie zeigen einen blockierten Zustand an. Nehmen wir uns den Mut, genauer nachzusehen, in uns hineinzuhören oder zu spüren, welches die tatsächlichen Tendenzen sind. «Wirklich nie..., immer, oder gibt es doch Unterschiede... etc.» Mit solchen oder ähnlichen Fragen können wir oftmals bereits den Zustand der Neubesinnung einleiten und uns der bewußteren Wahrnehmung öffnen. Im schöpferischen Energiezustand können wir dann die Kreativität entwickeln, sinnvolle und realistische Lösungen zu finden.

Ist es uns gelungen, die verschiedenen Stimmen in uns in Einklang zu bringen, so stimmt das, was wir sagen oder denken, mit unserer Physiologie, Körpersprache und unserem Tonfall etc. überein. Es ist wie bei einem Orchester, das harmonisch zusammenspielt, nachdem die Instrumente eingestimmt wurden. Jeder spielt seinen Part, und doch klingt alles zusammen. Mit dem

Mut zur Entscheidung übernehmen wir die Rolle des Dirigenten. Kongruenz ist der Zustand ganzheitlicher Übereinstimmung. Er wirkt auf uns und andere authentisch und überzeugend. Wenn wir uns den Mut nehmen, den zunächst widersprüchlich erscheinenden Spannungen nachzugehen, finden wir auch zu einer stimmigen Entscheidung. Diese wirkt sich dann wiederum positiv auf unser Wohlbefinden aus. Wir sind entspannt, als lauschten wir gerade einem schönen Konzert.

Die Ziele sind entscheidend

Die Schwestern Anne, Michaela und Susanne erbten alle eine ansehnliche Summe Geldes. Alle drei lebten in vergleichbaren Lebensumständen, auch in wirtschaftlicher Hinsicht. Sie unternahmen mit dem Geld jedoch ganz unterschiedliche Dinge: Anne spekulierte an der Börse, Michaela legte den Betrag als Festgeld an, Susanne machte eine Weltreise.

Sie hatten verschiedene Ziele, nach denen sie ihre Entscheidung ausrichteten. Anne wollte das Geld vermehren und reich werden. Michaelas Ziel hieß Sicherheit. Möglichst viel von der Welt zu sehen und zu erleben war das, was Susanne wollte.

Allen dreien war gemeinsam, daß ihre Ziele bestimmten, wie sie sich entschieden. Je intensiver die Sehnsucht nach etwas ist, um so mehr motiviert sie uns zum Handeln und beeinflußt unsere Entscheidungen. Diese Lebensziele haben also für unser Verhalten große Bedeutung. Leidenschaftlich verfolgte Ziele können ungeahnte Energien mobilisieren.

Mancher Ziele sind wir uns bewußt, viele wirken jedoch im Unbewußten. Dabei können sich unsere Ziele in ihrer Umsetzung auch gegenseitig behindern. Möglicherweise hatten sowohl Michaela als auch Susanne den Wunsch nach Sicherheit und die Sehnsucht nach Abenteuern. Warum sich das eine in den Vordergrund stellte, wissen sie vielleicht selbst nicht. Die vierte Schwester – Dorothea – konnte sich bisher noch nicht entscheiden. Hörte sie den Plan der einen Schwester, so fand sie das Vorhaben ganz toll, bis die Entscheidung der anderen sie wieder zweifeln ließ. Bei ihr war kein Ziel so dominierend, das es die Entscheidung bestimmte. Die Unklarheit der Ziele machte sie auch in ihrer Entscheidung unsicher.

Werden Sie sich Ihrer Ziele bewußt! Uns unserer Ziele bewußt zu werden gibt uns die Chance zur Zielklarheit und zur Auflösung von Zielkonflikten. Dies unterstützt uns wiederum dabei, Entscheidungen zu treffen oder sie zu überprüfen. Bevor wir uns weiter damit beschäftigen, wie aus Wünschen klar formulierte Ziele werden und wie wir für unsere Ziele Verantwortung übernehmen, wollen wir noch einen anderen Aspekt betrachten.

Petra besuchte ein dreitägiges Fortbildungsseminar und hatte als einzige ihre siebenjährige Tochter mitgenommen, da sie keinen Babysitter gefunden hatte. In der Rolle der Seminarteilnehmerin war es ihr Ziel, den Arbeitsablauf dadurch möglichst wenig zu stören und selbst mitzuarbeiten und von dem Erlernten zu profitieren. Ihr Ziel als Mutter war, daß es ihrer Tochter gutging. Zum Glück konnte sich ihre Tochter stundenlang mit sich selbst beschäftigen, aber nicht immer ließen sich beide Ziele in Übereinstimmung bringen.

Zielklarheit – Wo will ich hin?

Welchen Weg wir wählen, hängt entscheidend vom Ziel ab

Die Entscheidung, wie sie sich in solchen Situationen verhalten wollte, hing zunächst davon ab, welchem Ziel sie den Vorrang geben wollte, und dies wiederum wurde davon beeinflußt, welche Rolle sie gerade einnahm, die der Seminarteilnehmerin oder die der Mutter. Dies führte dann zu einer inneren Zerrissenheit, und Petra wurde klar, daß sie beiden gleichzeitig gerecht werden wollte.

Solche Situationen sind nicht ungewöhnlich. Die Referentin übertrug den konkreten Fall direkt auf mögliche Arbeitssituationen. Die übrigen Teilnehmer und Teilnehmerinnen fanden schnell eine Fülle von Beispielen: Ihre Mitarbeiter hatten den dringenden Wunsch nach Rücksprache, um mit ihrer Arbeit weiterzukommen, während sie selbst einen Bericht fertigstellen wollten, Telefongespräche noch zu erledigen waren und bald eine Sitzung beginnen würde, an der sie teilnehmen mußten, etc. Sie mußten Prioritäten setzen, was wann für das Gesamtergebnis ihres Verantwortungsbereiches – das übergeordnete Ziel – jeweils das wichtigste wäre. Petra wurde klar, daß sie vor allem eine selbständige junge Frau sein wollte, die sich sowohl im Beruf als auch als Mutter bewährte und Kompetenz zeigte. Sie entschied sich, die Mittagspause nicht der Gruppe, sondern ihrer Tochter zu widmen. Zu anderen Zeiten hatte die Seminarteilnahme Vorrang, falls ihre Tochter sie nicht tatsächlich dringend benötigte. Petra hatte den Mut, sich ihren verschiedenen Rollen mit unterschiedlichen Zielen zu stellen.

Kommen wir nochmals auf Dorothea zurück. Dorothea prüfte, ob sie sich das Ziel von Anne zu eigen machen könnte: an der Börse zu spekulieren, um das ererbte Kapital deutlich zu vergrößern. Dazu entspannte sie sich und stellte sich vor, wie sie besonders erfolgreich agierte. Sie malte sich diesen inneren Film in allen Einzelheiten aus. Dabei bemerkte sie, daß sie sich zwar über die Erträge freute, daß sie aber nicht viel zufriedener wäre, als sie es jetzt schon war. Dann stellte sie sich die Konsequenz des Risikos vor. Sie entwickelte einen inneren Film, in dem sie alles oder doch zumindest einen Großteil ihres Erbes verlor. Dabei wurde ihr klar, daß diese Gefahr für sie schwerer wog als ein eventueller zusätzlicher Gewinn. Annes Weg war nicht der ihre.

Ebenfalls mit Hilfe solcher inneren Filme versuchte Dorothea nun, sich auch die von Michaela und Susanne gewählten Alternativen vorzustellen. Dabei blieb sie immer an einem «Ja – aber» hängen: Sicherheit ist ja ganz schön, aber ansonsten aus Vorsicht so weiterleben wie bisher, so wie es Michaela vorhat, das mochte sie auch nicht; etwas zu erleben, mehr Freizeit als jetzt zu haben ist schön, aber so wie Susanne eine Weltreise zu machen, und am Ende wäre der größte Teil des Geldes verbraucht, das war auch nicht ihr Fall. «Überall nur Probleme sehen, das wird dir auch nicht weiterhelfen», sagte Anne, «formulier doch einmal positiv, was du wirklich willst.» – «Mehr Freiheit», entgegnete Dorothea, und ihr wurde klar, daß dies ein erster Schritt war, ihr Ziel zu konkretisieren. Nun mußte sie es noch genauer beschreiben, und Anne fragte auch schon: «Was meinst du damit wirklich, wie sieht dies aus?» – «Ich bin Fremdsprachensekretärin mit normaler Urlaubszeit», sagte Dorothea. «Ich stelle mir vor, daß ich freiberuflich auf Messen oder Kongressen arbeite oder auch mal fachliche Übersetzungen anfertige, und dann auf der anderen Seite mir immer mal wieder mehrere Tage freinehmen kann, um etwas für mich zu unternehmen.» Sie malte sich das noch weiter aus und gewann immer mehr Gefallen daran.

Nun prüfte sie, was sich ändern würde, wenn sie ihr **Malen Sie sich** Ziel erreichte. Sie wäre in ihrem jetzigen Metier freibe- **Ihr Ziel ganz** ruflich tätig. Die Arbeit würde ihr Spaß machen, auch **detailliert aus** wenn die Arbeitszeit bei solchen Veranstaltungen einmal länger wäre. Auf der anderen Seite hätte sie mehr Zeit für sich. «Von der Ausbildung her kannst du das doch», sagte Anne. «Und mit der neuen finanziellen Sicherheit überstehst du es auch gut, wenn die Aufträge anfangs nicht so zahlreich sind.» Dorothea stellte fest, daß ihr Vorhaben durchaus realisierbar war. Als nächstes müßte sie nun mit ihrem Chef sprechen, um mit ihm im guten auseinanderzugehen, damit sie ihn gleich als ihren ersten Kunden gewinnen könnte. Ihr fielen noch einige weitere sinnvolle Schritte ein.

«Ob du mit deiner Entscheidung zufrieden bist, braucht man dich ja wohl kaum noch zu fragen», lachte Anne. «Du schaust ja jetzt schon allein bei dem Gedanken entspannt und glücklich aus.» Dorothea

Wunschbilder werden wahr

**Wenn Sie sich Ihr Ziel genau ausmalen,
können Sie die richtigen Schritte einleiten**

konnte nur bestätigen, daß sie nach Überprüfung tatsächlich das für sie relevante Ziel gefunden hatte, für das sie sich jetzt auch entschied. Sie war die Schritte zu einer wohlgeformten Zielformulierung gegangen; sie hatte sich positiv und konkret vorgestellt, was ihr Ziel sein könnte und was nach dessen Erreichung anders wäre. Nachdem sie ihre Gesamtsituation berücksichtigt und überlegt hatte, was sie tun müsse, um ihr Ziel zu erreichen, stellte sie fest, daß das Ziel für sie attraktiv und relevant war, und auch die damit verbundenen Konsequenzen erschienen ihr akzeptabel. Ihre Mimik, der Klang ihrer Stimme etc. bestätigten, daß Dorothea nicht nur verstandesgemäß hinter diesen Zielen stand. Nun fiel es ihr auch leicht, die notwendigen Entscheidungen zu treffen.

Dorothea hatte sich mit Teilen der Entscheidung von Michaela und Susanne anfreunden können, andere Teile wiederum widerstrebten ihr. Unter der Überschrift «Freiheit» formulierte sie dann das ihr gemäße Ziel auf Sicherheit sowie persönliche Gestaltung und Erlebnisse.

Folgen Sie Ihren Wünschen

Oftmals finden wir – manchmal mit gewisser Mühe – ein Zielszenario als Basis für unsere Entscheidungen, bei dem wir unsere verschiedenen Wünsche und die

Realität der Situation in angemessenen Einklang bringen können. Manchmal jedoch widersprechen sich Wünsche. So kann Maria aus unserem Eingangsbeispiel im ersten Kapitel den nächsten Sommerurlaub entweder nur zusammen mit ihrer Clique oder allein bzw. am bereits bekannten und mehrfach besuchten Ort oder in einer neuen Gegend verleben. So weit war Maria mit ihren Überlegungen auch schon gekommen. Durch die etwas andere Formulierung ihrer Freundin Katrin wurde ihr plötzlich klar, daß sie ja nicht nur zwei Alternativen hatte, sondern zumindest vier Kombinationen. Sie konnte auch versuchen, ihre Freunde für ein anderes Urlaubsziel zu begeistern, oder aber selbst an den gleichen Ort fahren, jedoch zu einer anderen Zeit als ihre Clique.

Zunächst brachte sie das auch nicht weiter, denn nun mußte sie ja unter vier Möglichkeiten auswählen. Doch diese zusätzlichen Varianten gaben ihr auch mehr Freiheit. Als sie sich einen erneuten Besuch in ihrem alten Urlaubsort intensiv vorstellte, spürte sie nur Langeweile. Bei jedem Weg wußte sie schon, wie es um die nächste Ecke herum aussehen würde. Gleichgültig, ob mit der Clique oder allein: Die Vorstellung, wieder zum gleichen Ort zu fahren, hatte wenig Reiz. Sie spürte jetzt, wie ihre Freude auf den Urlaub deutlich nachließ. Eine Stimme in ihr sagte: «Da kannst du auch später immer wieder noch einmal hinfahren, aber doch nicht in diesem Jahr, jetzt bist du noch jung.» Maria ist sich jetzt sicher, dieses

Mal soll es etwas Neues sein. Nun versucht sie sich vorzustellen, wie es wäre, wenn sie allein ihr bisher unbekannte Städte und Landschaften eroberte. Sie spürt, daß es ihr guttäte, wenn sie jemanden dabei hätte, mit dem sie ihre Eindrücke austauschen oder sich auch einmal beraten könnte. Ihre nächste Vorstellung gilt einer Reise mit der ganzen Clique, die aus insgesamt acht Personen besteht. Die Vorstellung, im Restaurant Ausschau halten zu müssen, ob auch ein Tisch mit genügender Anzahl von Plätzen frei ist, oder bei einer Fahrt mindestens 2 Taxen nehmen zu müssen, sich unter so vielen abzustimmen etc., wird ihr zunehmend unbehaglich. In ihrer Vorstellung malt sie sich jetzt ihren Wunsch immer genauer aus. Mindestens eine Begleitperson wäre gut, wenn sie insgesamt zu viert wären, ginge das auch in Ordnung. Sie formuliert ihr Ziel: «Eine kleine Gruppe aus 2–4 Personen besucht ein ihnen bisher unbekanntes Land.» Sie stellt sich alles konkret vor, so, als würde sie es bereits erleben, die Gegend sehen, ihre Gespräche hören und sich wohl fühlen. Der Gedanke an eine Veränderung gegenüber den Urlauben der letzten Jahre erfüllt sie mit freudiger Erwartung.

Als Maria mit Katrin weiter über die Urlaubsplanung spricht, fragt diese: «Hast du dir schon einmal überlegt, was eure Clique dazu sagt, daß du für den nächsten Sommer nicht nur etwas anderes vorhast, sondern dabei auch lediglich einige von ihnen mitnehmen möchtest? Du müßtest dann die Clique sprengen. Wel-

che Konsequenzen hätte das, und willst du sie tragen?»
Maria geht in sich und kommt zu der Überzeugung,
daß es sicherlich akzeptiert würde, wenn sie diesen
Sommer nicht mitreiste. Eine Aufspaltung der Gruppe,
die ihr möglicherweise gelänge, würde jedoch den ge-
samten Zusammenhalt ihrer Freundschaften ernsthaft
gefährden. Diese Konsequenz will Maria nicht tragen.
«Da muß ich ja mit meinen Zielplanungen wieder ganz
von vorne anfangen», klagt sie. «Nicht ganz», erwidert Katrin, «vielleicht kann dich ja jemand anderer
begleiten statt einer der sieben aus eurer bisherigen
Clique.» – «Da hast du recht. In meinen Wünschen bin **Aus**
ich frei und nicht auf die Teilnehmer der Clique be- **Wünschen**
grenzt.» Spontan fallen Maria zunächst drei und dann **können**
noch eine vierte Person ein, mit der sie sich eine ge- **Ziele werden!**
meinsame Reise gut vorstellen kann.

Aus Wünschen können Ziele werden, wenn sie sich in
der tatsächlichen Situation verwirklichen lassen und
wir bereit sind, die damit verbundenen Konsequenzen
zu akzeptieren. Je stärker unser Verlangen nach Erreichung des Wunsches ist, um so attraktiver erscheint
uns das Ziel, und um so mehr motiviert es unsere
Energie. Wir leben uns in unser Ziel hinein und stellen uns vor, daß wir es bereits erreicht hätten. Je
intensiver wir so tun, als ob unser Wunsch erfüllt
wäre, je lebendiger wir uns die Situation der Zielerreichung vorstellen, um so klarer werden wir uns.
Wir gewinnen die Motivation, die Sicherheit und
den Mut, die notwendigen Entscheidungen zu treffen.

Die Freiheit liegt in unserem Denken; sie beginnt im Kopf.

Haben auch Sie den Mut, aus Ihren Wünschen Ziele zu machen, die Sie beflügeln, Entscheidungen zu treffen und diese in Handlungen umzusetzen.

Durch Entscheidung zum Erfolg

Joachim tritt aus dem Kaufhaus heraus und trifft seinen Freund Thomas: «Joachim, was machst du denn hier?» – «Unser Fernseher ist kaputt, und da wollte ich einen neuen Apparat kaufen, konnte mich aber nicht entscheiden.» – «Na, so schwer kann das doch nicht sein.» – «Ich habe das Gefühl, es wird immer schwieriger. Und wenn man sich dann verkauft, dann hat man es später täglich vor Augen.» – «Hat dich denn der Verkäufer nicht beraten?» forscht Thomas weiter. «Ach, der hat mich richtig bequasselt. Von dem einen Gerät sagt er, daß es das Gesprächsthema auf der letzten Funkausstellung gewesen wäre. Dann hat er noch ein Modell mit einem sagenhaften Preis; unter tausend Mark, das klang doch ganz phantastisch. Und schließlich wollte er noch den letzten Schrei zur Sprache bringen.» Man sieht Joachim an, wie er selbst jetzt noch ganz verwirrt ist. «Ich hatte das Gefühl, da überhaupt nichts zu finden, was bei der Entscheidung helfen könnte. Dann sah ich mich zu Hause entweder mit einem veralteten Gerät sitzen oder mit einem so modernen, bei dem ich überhaupt keinen Durchblick hatte, wie die verschiedenen Funk-

tionen zu bedienen waren. Ich glaube, ich sollte das Ganze besser noch einmal überschlafen.»

Joachim hat sehr anschaulich geschildert, wie er in immer größere Unentschlossenheit geriet. Thomas gibt dem Gespräch nun eine etwas andere Wendung. «So ganz verstehe ich das nicht. Im Betrieb mußt du doch häufig Entscheidungen treffen, und ich hatte nie den Eindruck, daß dir das, selbst bei kniffligen Vorgängen, besondere Schwierigkeiten machte.» Joachims Gesicht hellt sich auf. «Zunächst schau ich mir einmal genau an, was ansteht», lacht er. «Dann frage ich mich nach einer ansprechenden Lösung. Bei den Antworten achte ich auch auf Untertöne. Ich spüre dann direkt, wie ich das Richtige tue.»

Thomas ist ein guter Zuhörer. Er hat nicht nur die Veränderungen in Joachims Mimik beobachtet, sondern auch die Unterschiede in den Schilderungen wahrgenommen. Als sie an einem anderen Fernsehgeschäft vorbeikommen, fragt Thomas: «Hast du dir die Geräte denn auch etwas genauer angesehen?» – «Dazu bin ich gar nicht gekommen.» Nach einigem Zögern läßt sich Joachim überreden, gemeinsam mit Thomas in dieses Geschäft zu gehen. «Siehst du da drüben die verschiedenen Geräte mit Preisangaben und Kurzbeschreibung? Laß sie uns doch einmal anschauen», schlägt Thomas vor und meint: «Hast du dich schon gefragt, welcher deinen Anforderungen am besten entspricht? Wie ist es, wenn du in dich hineinhörst?» – «Ich glaube, es hat ‹klick› gemacht. Bei

dem dritten Apparat von rechts habe ich ein gutes Gefühl», erwidert Joachim, jetzt mit entspannter Miene.
Er klärt noch einige Fragen mit dem Verkäufer, fühlt
sich bestätigt. Seine Entscheidung ist gefallen.

Worin unterscheidet sich Joachims Gedankengang bei
diesem erfolgreichen Kauf von seinem ersten
Versuch? Joachim hatte Thomas berichtet, in welcher
Reihenfolge er die Schritte seiner Entscheidungsfin
dung im Betrieb vollzieht. «Erst einmal schaue ich genau hin» zeigt die visuelle Wahrnehmung als äußeren
Impuls und Auslöser. Im zweiten Schritt fragt er sich,
was nun richtig sei, er führt einen inneren Dialog.
Den Zugang zu seinen Erfahrungen und inneren Ressourcen findet er auditiv, d. h. über Sinneswahrneh
mungen des Hörens. Die Ergebnisüberprüfung – den
dritten Schritt – nimmt er gefühlsmäßig, also kinästhetisch vor. Das zeigt sich an seinem Satz: «Wenn
ich ein gutes Gefühl habe.» Diese drei Schritte – die
visuelle Wahrnehmung, der auditive innere Dialog
und die kinästhetische Überprüfung – bilden für Joa
chim eine gute Motivationslage, um eine gute Entscheidung zu treffen.

Beim ersten Verkaufsgespräch jedoch entstand der
äußere Impuls, der den Entscheidungsprozeß zwischen den verschiedenen Geräten startete, durch das,
was der Verkäufer sagte. Dessen Worte «im Gespräch», «klingt gut», «letzter Schrei» etc. bezogen
sich ausschließlich auf die auditive Wahrnehmung.
Dieser äußere Impuls löste bei Joachim ein Gefühl der

Verwirrung aus. Als er im nächsten Schritt versuchte, sich bildlich, also visuell, Ergebnisse vorzustellen, zeigten sich ihm die Folgen möglicher Fehlentscheidungen. Das war keine gute Motivation für eine Entscheidung. Joachim verschob den Kauf.

Nur das sinnvolle Zusammenspiel der einzelnen Schritte führt zu einer richtigen Entscheidung. Es ist wie bei der Syntax der Sprache: Die Sätze «Hund beißt Fritz» und «Fritz beißt Hund» haben die gleichen Elemente, nur durch ihre Reihenfolge ergibt sich ein jeweils anderer Sinn. Auch wenn Sie ein Zahlenschloß öffnen wollen, müssen Sie nicht nur die richtigen Ziffern kennen, sondern auch deren richtige Reihenfolge. Dieses Vorgehen, die nach Regeln geordnete

Abfolge sinnesspezifischer Aktivitäten, wird bei NLP als Strategie bezeichnet. Häufig haben diese Strategien eine einfache Struktur, wie in unserem Beispiel mit drei Schritten. Sie können aber auch komplex und mehrstufig sein. Welche Abfolge der Aktivitäten zum gewünschten Ziel führt, kann individuell sehr verschieden sein.

Joachims Freund Thomas hatte genau zugehört und die Struktur der erfolgreichen Strategie zur Entscheidungsfindung bei Joachim erkannt. Beim zweiten Versuch lenkte Thomas Joachim durch seine Fragen so, daß dessen Erfolgsstrategie zum Tragen kam. «Siehst du die Geräte, die Hinweisschilder etc.», das war ein visueller externer Auslöser. Danach aktivierte er den inneren Dialog bei Joachim, indem er sich erkundigte:

«Hast du dich schon gefragt, was du genau benötigst...?» Mit dem «klick» beendete Joachim seine innere Beratung und überprüfte, ob er bei dem Ergebnis auch ein gutes Gefühl hatte. Das war dann die Entscheidung.

Finden Sie Ihre Strategie

Wenn wir unsere Strategie zur Erreichung eines Vorhabens kennen, so können wir diese Struktur in den unterschiedlichsten Situationen erfolgreich einsetzen. Manche Menschen sehen ein, daß in einer Situation etwas getan werden muß (visuell). Andere spricht das  Thema an (auditiv), und wieder andere spüren (kinästhetisch), daß jetzt eine Entscheidung notwendig wird. Der Beginn einer Entscheidungsstrategie kann also sehr unterschiedlich sein, und schon der Start bestimmt Richtung und Erfolg. Im Prozeß des Ab-  wägens können wir wiederum entweder verschiedene Gesichtspunkte beachten, unterschiedliche Stimmen zu Wort kommen lassen oder verschiedenen Aspekten nachspüren. Auch die Abprüfung, die dann letztendlich zur Entscheidung führt, kann von unterschiedlichen Sinneswahrnehmungen geprägt sein. Die richtige  Abfolge der Schritte markiert den Weg zur Entscheidung zur erfolgreichen Strategie.

Im ersten Kapitel hatte sich Christian gefragt, ob er

den Antrag an die Personalabteilung für einen Kredit zum Kauf eines Autos brieflich oder im Gespräch stellen sollte. Er überprüfte sein Ergebnis, wie sein Antrag genau aussehen sollte, indem er die einzelnen Punkte niederschrieb. Das war seine persönliche Erfolgsstrategie. Er hatte bereits eine schriftliche Vorlage, so daß die Ausfertigung eines Briefes problemlos war. Ihm wurde jedoch deutlich, daß die Entscheidung des Bearbeiters in der Personalabteilung für den Erfolg seines Antrages wesentlich war. Dessen Entscheidungsstrategie war also entscheidender als seine eigene. Sein weiteres Vorgehen wollte er deshalb an der Entscheidungsstrategie des Personalsachbearbeiters ausrichten. Christian rief ihn an und fragte, wie solche Anträge bearbeitet würden. Die Antwort lautete: «Erst einmal höre (!) ich mir an, um was es eigentlich geht. Dann überprüfe ich die verschiedensten Gesichtspunkte (!). Wenn dann alles stimmig klingt (!), stimme ich der Anfrage zu.»

Christian hatte genau zugehört und verabredete einen Besprechungstermin. Zunächst erläuterte er sein Anliegen. Dann zog er seinen Brief heraus und sagte: «In dieser Übersicht habe ich noch einmal dargelegt, daß das Fahrzeug von mir auch für Geschäftsfahrten benutzt wird. Vielleicht könnte ich Ihr Augenmerk noch einmal darauf lenken. Ich hoffe, Sie können mir zustimmen, daß nachgefragter Kredit und Selbstfinanzierung ausgewogen sind.» Christian hatte sich auf die Entscheidungsstrategie seines Partners eingestellt. Dies zeigte sich, als der Antrag nicht erst zu den Akten genommen wurde, sondern der Bearbeiter darüber im Rahmen seiner Möglichkeiten direkt und positiv entschied.

Den Mut zu Entscheidungen finden wir, wenn wir den Abwägungsprozeß mit einem guten Gefühl beenden können. Hat jedoch die Vorgehensweise in ihrer Abfolge Unsicherheiten oder gar Befürchtungen ausgelöst, so behindern Zweifel die Entscheidung. Finden Sie Ihre Strategie, die Sie in den Zustand versetzt, eine gute Entscheidung zu treffen.

Der Mut zur Lücke

Wenn wir entscheiden, welches Auto wir uns anschaffen wollen, dann ist eine Fülle von Gesichtspunkten zu bedenken: Fragen des Geschmacks, Anschaffungspreis und laufende Kosten. Die «Preisfrage» ist nicht leicht zu beurteilen. Bei einem Modell sind die Anschaffungskosten höher, aber auch der zu erwartende Wiederverkaufswert, wenn – und da liegt schon wieder eine Unsicherheit – die Verhältnisse so bleiben, wie sie jetzt sind.

Auch bei den laufenden Unterhaltskosten ergeben sich Unsicherheiten: Wie entwickeln sich die Preise für Benzin oder Diesel, für Reparaturen, Versicherungen, Steuern etc.? Wird sich darüber hinaus meine wirtschaftliche Lage verändern? Viele Entscheidungen haben Auswirkungen auf die Zukunft, und ob dabei von richtigen Annahmen ausgegangen wurde, zeigt erst die spätere Entwicklung. Die Zukunft zu prognostizieren birgt Risiken, die zwangsläufig zu Unsicherheiten führen, unsere Entschlußkraft lähmen und uns den Mut zur Entscheidung nehmen können. Peter aus dem ersten Kapitel, der sich fragte, ob er investieren soll, hat ein im Geschäftsleben typisches

Problem. Zur Überprüfung der Wirtschaftlichkeit solcher Vorhaben sind eine Reihe verschiedener Methoden der Investitionsrechnung entwickelt worden, die zum Teil mit sehr genauer Zinsrechnung die Auswirkungen künftiger Entwicklungen zu berücksichtigen versuchen. Dennoch können zukünftige Entwicklungen niemals genau prognostiziert werden. Peter schwirrte der Kopf, als er sich die verschiedenen Möglichkeiten und denkbaren Kombinationen vorstellte. Er fühlte sich entmutigt. Wie sollte er eine richtige Entscheidung treffen, wenn sich später herausstellen würde, daß bereits seine Annahmen teilweise falsch oder ungenau waren. Die fehlende Sicherheit und die Angst vor Irrtümern blockierten seine Entscheidung.

Einige Tage später sprach Peter mit seinem Freund Matthias darüber. «Wenn alles klar ist, brauchst du nichts zu entscheiden, sondern einfach nur richtig zu rechnen», meinte Matthias. «Das Thema beginnt doch gerade bei den Unsicherheiten. Wenn du abwarten willst, wie sich alles wirklich entwickelt, dann weißt du nur, wie du vor Jahren hättest entscheiden sollen und daß es dafür jetzt zu spät ist. Wenn du Chancen wahrnehmen willst, mußt du jetzt entscheiden und handeln», und er fügte noch hinzu: «Die Frage ist nicht, wie du dir durch eine Entscheidung ohne Risiko Chancen sichern kannst, sondern sie lautet, ob du wegen des Risikos auf die Chance verzichten willst. Mit der Zukunft ist es wie mit dem Horizont: Du kannst laufen, so weit du willst, und wirst

ihn nie erreichen.» Peter hielt die Argumentation seines Freundes zwar für etwas sehr vereinfachend, aber er war bereit, ihm zu folgen.

Neben der Überlegung, wie eine wahrscheinliche Entwicklung aussehen könnte, versuchten beide sich vorzustellen, wie eine denkbar negative oder positive Variante aussähe. In allen drei Fällen taten sie so, *als ob* dies die jeweilige Realität beschriebe. Peter stellte fest, daß die Investition sich nicht nur im besten, sondern auch im als wahrscheinlich angenommenen Fall als sehr lohnend erwies. Bei den negativen Annahmen zeigte sich zwar, daß es in diesem Fall besser wäre, das Vorhaben nicht durchzuführen, es andererseits zu keinen wirklich ernsthaften Problemen führen würde.  Seine Chancen waren also gut bis sehr gut und die Risiken überschaubar. Peter entschied sich für die Investition. Er löste sich davon, genau wissen zu wollen, was künftig sein würde. Wenn sein Prognoserahmen auch nur ungefähr richtig war, so erlaubte er doch eine verantwortungsvolle Entscheidung.

Perfektionismus bei der Untersuchung und Beschreibung der Rahmenbedingungen für eine Entscheidung kann uns also auch daran hindern, bei ungefährem Wissen eine richtige Entscheidung zu treffen. Gelegentlich ist das Bemühen um gesicherte Grundlagen und die Suche nach immer neuen Risikofaktoren auch ein Vorwand, um den Beginn des Handelns hinauszuzögern.

Bei der Beseitigung von Zweifeln im Entscheidungsprozeß unterstützt uns die NLP-Methode. In drei Schritten tun wir so, als ob: Die Annahme des «Als-ob» verlangt nicht, daß wir unsere Prognose tatsächlich für richtig halten, sondern wir unterstellen lediglich für eine gewisse Zeit, daß die Annahme realistisch ist.

Wir können dann die Situation genauer betrachten und Schlußfolgerungen ziehen, ohne immer wieder bei unserem Zweifel hängenzubleiben. Wir können also genauer und ungestörter zu Ende denken, was wäre, wenn diese Situation einträte. Sind wir zu einer Entscheidung gelangt, die als teilweise richtig akzeptiert werden kann, gewinnen wir die Sicherheit, die uns Mut zu einer Entscheidung gibt.

In von Unsicherheit geprägten Situationen nach absolut gesicherten Entscheidungen zu suchen ist genau das Falsche. Erst der Mut zum «teilweise richtig» ermöglicht es uns, Chancen wahrzunehmen.

Spielen Sie mit der Methode des «Als ob» Ihre Prognosen durch

Auch die längste Reise
beginnt mit dem ersten Schritt

Entscheidungen finden ihren Abschluß, wenn wir beginnen, das Beschlossene in Handeln umzusetzen. Manchmal zögern wir bei diesem entscheidenden Schritt, durch den aus Plänen Wirklichkeit wird. Gerade war noch alles klar, und jetzt befallen uns doch wieder Zweifel. Der Volksmund sagt gelegentlich: «Da hat jemand Angst vor der eigenen Courage.» Uns verläßt der Mut, zur eigenen Entscheidung zu stehen.

«Soll ich oder soll ich nicht», ist erneut die Frage. Soll ich zu meinem Beschluß, meinem Ziel, meinem Wunsch stehen und mich für seine Verwirklichung einsetzen, oder soll ich zurückschrecken vor dem Zweifel, es nicht zu schaffen, vor den Bedenken und Einwänden anderer? So erging es in unserem Eingangskapitel der Kindergärtnerin Julia mit ihrem Vorhaben, noch eine Ausbildung als Designerin zu beginnen. Das Ziel war ihr klar, aber als ihre Mutter und ihr Mann Vorbehalte äußerten, wurde sie unsicher und zweifelte an sich selbst.

Durch Entscheidungen gestalten wir unseren künftigen Lebensweg. Doch unsere Entscheidungen sind zu

Stehen Sie an einem Wendepunkt?

Vergangenheit

**Manchmal hält uns die Vergangenheit zurück,
wenn wir zu neuen Zielen starten wollen**

gleich geprägt von der Vergangenheit, unseren bisherigen Erfahrungen und den Schlußfolgerungen, die wir, zum Teil auch unbewußt, daraus gezogen haben. Entschlüsse, die sich in der Kontinuität des Bisherigen bewegen, fallen uns zumeist leichter als solche, die einen Wendepunkt bedeuten. Hier geht es dann häufig nicht nur um das aktuell zu entscheidende Thema, sondern um eine tiefergehende Neuorientierung der eigenen Lebensgestaltung.

Julia ging zu einer Berufsberaterin: «Ist Designerin wirklich der richtige Beruf für mich, oder sollte ich besser Kindergärtnerin bleiben?» – «Offenbar waren Sie sich ja schon einmal sehr sicher, daß Designerin das Richtige für Sie ist», erwiderte die Beraterin, die zum Glück über sehr viel Lebenserfahrung verfügte. «Liegt nicht ein wesentlicher Teil Ihres Zweifels weniger in Ihren Fähigkeiten und der Intensität Ihres Wunsches als vielmehr in der Unsicherheit, ob Sie sich entgegen der Einwände anderer für Ihr Vorhaben entscheiden sollten?» Als Julia in sich ging, fielen ihr fast nur Begebenheiten ein, in denen sie sich in ihren Entscheidungen daran orientiert hatte, was andere von ihr erwarteten. Bliebe sie nun bei ihrem Beschluß, Designerin zu werden, so wäre dies auch ein Bruch mit ihren bisherigen Verhaltensweisen.

Nach einigen Nachfragen erinnerte sich Julia nun doch an ein Ereignis, bei dem es anders gewesen war. Der Beraterin fiel auf, daß im Moment des Erinnerns ein leichtes Lächeln und ein zufriedener Ausdruck in

Julias Gesicht aufschien, der dann jedoch von Kummer und Nachdenklichkeit verdrängt wurde. Julia erzählte: Als kleines Mädchen war sie einige Zeit bei ihrer Tante auf dem Lande zu Besuch gewesen. Unter den Kindern des Dorfes gab es nur Jungen, aber keine Mädchen in ihrem Alter. Ihre Tante fand es nicht schicklich, bei Jungenspielen mitzumachen. Eines Tages entschied sich Julia doch mitzuspielen. Sie war immer noch richtig stolz darauf, wie sie sich durchgesetzt hatte und auch von den Jungen akzeptiert wurde. Dies war die erfreuliche Seite der Erinnerung.

Ihre Tante fand ihr Verhalten jedoch gar nicht gut und ließ sie das während der ganzen restlichen Zeit ihres Aufenthaltes deutlich spüren. Diese Erfahrung hatte sie geprägt. Wenn es galt, zwischen eigenen Wünschen und den Anforderungen anderer abzuwägen, richtete sie sich von nun an nach den Wünschen der anderen, zumal es bei ihrer Mutter ähnlich gewesen war.

Im Gespräch mit der Beraterin erkannte Julia, daß sie damals mit der Umsetzung ihrer Entscheidung durchaus erfolgreich war – sie wurde von den Mitspielern akzeptiert –, aber bei den Folgen ihrer Entscheidung traten Probleme auf. «Wie wäre es, wenn Sie noch einmal in eine ähnliche Situation zurückversetzt wären, jedoch mit all den Fähigkeiten und Ressourcen, die Ihnen heute als Erwachsener zur Verfügung stehen?» fragte die Beraterin. «Ich würde abreisen oder mir im Gasthof ein eigenes Zimmer mieten», kam prompt die Antwort. Julia lachte, als ihr plötz-

lich klar wurde, daß ihr Konzept früher einmal sinnvoll gewesen sein mochte, aber heute nicht mehr die-
selbe existentielle Bedeutung hatte. Was hieß das nun
für die anstehende Entscheidung?

Im weiteren Gespräch wurde sich Julia immer mehr
bewußt, daß ihre Umwelt sie nur mit ihrer bisherigen
Entscheidungsstrategie kannte und sich erst an eine
Julia gewöhnen mußte, die zu ihren eigenen Beschlüs-
sen steht. Das brauchte Zeit und Geduld. In einem
Rollenspiel übernahm die Beraterin den Part ihrer
Mutter und ihres Ehemannes. Zunächst spürte Julia
noch den Impuls, sich verteidigen zu müssen (Ich habe
doch auch einmal ein Anrecht auf...) oder die Partner
anzugreifen (Ihr denkt doch immer nur an euch...,
wollt mich bevormunden...). Je mehr sie jedoch von
der Richtigkeit ihrer Entscheidung überzeugt war, um
so ruhiger und gelassener blieb sie im Gespräch. Sie
erläuterte ihren Beschluß, weil ihr daran lag, daß die
ihr nahestehenden Menschen sie verstanden. Sie
spürte jedoch keine Notwendigkeit mehr, sich recht-
fertigen oder verteidigen zu müssen. Julia hatte nicht
nur den Mut entwickelt, sich für die Designer-Ausbil-
dung zu entscheiden, sondern auch die Verantwortung für sich selbst übernommen, den Mut zur Entscheidung über den eigenen Lebensplan.

Später berichtete Julia, daß ihre Familie nach anfäng-
lichen Irritationen ihr neues Selbstbewußtsein sehr
gut akzeptierte. Die Beziehung zueinander hatte sich
sogar deutlich verbessert. Ihre Befürchtung, nur ange-

paßt geliebt zu werden, war hinfällig geworden. Und dann gestand sie noch: «Ich habe es meiner Familie nie gesagt, aber wenn sie mich und meine Entscheidung nicht respektiert hätten, dann hätte ich mich auf Dauer getrennt. Gott sei Dank wurde das nicht notwendig. Das Gefühl zu wissen, wer ich sein will und daß ich auf eigenen Füßen stehen kann, gab mir sehr viel Sicherheit.»

Wagen Sie den ersten Schritt!

Julia konnte ihre Zukunft selbständig und neu gestalten, weil sie sich des Einflusses bewußt wurde, den die Vergangenheit auf ihr gegenwärtiges Entscheidungsverhalten ausübte. Der erste Schritt in die Zukunft war getan. Auch die längste Reise beginnt mit dem ersten Schritt. Wenn wir beginnen, unseren Entscheidungen Handlungen folgen zu lassen, dann zeigt sich, ob wir den Mut haben, zu unseren Entscheidungen zu stehen.

Übungen für die Psycho-Power

Soforthilfen

Wenn wir uns etwas intensiv wünschen und für erreichbar halten, fördert dies unsere Motivation, die notwendigen Entscheidungen zu treffen und Kräfte für die Umsetzung zu mobilisieren. Ist der Wunsch noch zu unklar, um zu einem wirklichen Ziel zu werden, oder haben wir Zweifel an seiner Umsetzbarkeit, so werden auf uns zukommende Entscheidungen zum Problem. Dann gewinnt schnell Sorge oder Angst die Oberhand. Wir sind blockiert statt freudig ermutigt. Die motivierende Kraft der Ziele hingegen setzt unsere Kreativität frei. Wenn wir wissen, was wir wollen, finden wir leichter einen Weg, unser Ziel zu erreichen. Das ist eine gute Basis für Entscheidungen. Daher ist Zielklarheit das erste, was wir erreichen müssen.

Nicht immer fühlen wir uns auf Anhieb in der Lage, kreativ unsere Ziele zu klären und den Mut zur Entscheidung aufzubringen. Hier sind dann Soforthilfen nützlich, die uns den Zugang zu unseren Ressourcen, Fähigkeiten und unserem kreativen Potential ermöglichen.

Im Einklang mit sich selbst

Wenn eine Person sich im Einklang mit sich selbst befindet, zeigt sich dies in der ganzheitlichen Übereinstimmung ihres Denkens, Fühlens und ihrer körperlichen Ausstrahlung. Wenn diese Harmonie fehlt, zeigt das einen inneren Zwiespalt an. Die verschiedenen Stimmen in uns setzen unterschiedliche Akzente.  Dies behindert uns bei der Entscheidungsfindung, wir sind unentschlossen, hin und her gerissen und letztendlich blockiert. Beachten wir nur eine Stimme und blenden die anderen aus, so nehmen wir die Vielfalt nicht wahr und treffen möglicherweise im Übermut einseitige Entscheidungen, bei denen wichtige Gesichtspunkte nicht berücksichtigt werden. Ein wesentlicher Schritt ist der Mut, den mangelnden Einklang in uns zu erkennen und zu akzeptieren.

Woran zeigt sich dieser fehlende Einklang nun? Wenn jemand von Aufbruch und Begeisterung spricht, seine Stimme jedoch eher zaghaft oder ängstlich klingt, seine Mimik und die gedrückte Körperhaltung Sorgen und Zweifel ausdrücken, dann ist dies ein untrügliches Zeichen dafür, daß die inneren Stimmen in verschiedene Richtungen streben. Häufig ist die Körperhaltung unsymmetrisch, und der Atem geht flacher. Auch bei uns selbst können wir diese Anzeichen auf verschiedenen Sinnesebenen wahrnehmen, wenn wir uns genau beobachten, in uns hineinhorchen und unsere Befindlichkeit erspüren. Vielleicht sehen wir Unklarheiten oder finden zusätzliche Gesichtspunkte. Möglicherweise meldet sich eine leise Stimme, oder wir spüren ein Unbehagen, haben ein flaues Gefühl. Im Spiegel sehen wir unseren unausgewogenen Gesichtsausdruck oder unsere unsymmetrische Körperhaltung. Wir fühlen einen Kloß im Hals, oder unser Nacken verkrampft sich.

Wenn Sie sich selbst über die verschiedenen Sinnesebenen bewußt wahrnehmen, können Sie erkennen, ob Sie sich im Einklang mit sich selbst befinden. Zusätzlich können Sie dies durch eine kleine Übung vorbereiten:

Stellen Sie sich bitte zunächst eine Situation vor, in der Sie mit sich und Ihrer Umwelt in vollem Einklang waren, und spüren Sie mit den verschiedenen Sinnen nach, wie sich diese Übereinstimmung ausdrückte. Was sehen, hören oder spüren Sie?

Nun wählen Sie bitte aus Ihrer Vergangenheit eine entgegengesetzte Begebenheit aus, in der Sie unentschlossen und innerlich zerrissen waren. Nehmen Sie auch dies mit den verschiedenen Sinnen wahr.

Nun wechseln Sie einige Male zwischen diesen beiden verschiedenen Situationen hin und her. Versuchen Sie bitte zunächst, die jeweilige Gegebenheit möglichst

63

Bringen Sie Bewegung in Ihr Denken!

Auch ein Wechsel der Körperhaltung kann Ihre Kreativität fördern

intensiv zu erleben und dann zu spüren, was sich bei Ihnen verändert.

Zumeist ergeben sich ein oder zwei Veränderungen, die Ihnen deutlich bewußt werden. Dies kann eine  Anspannung der Muskeln sein, ein Verkrampfen der Hände, ein Sich-zur-Seite-Neigen, Veränderungen in der Stimme oder im Atem etc. Werden Sie sich der für Sie bedeutsamsten Anzeichen bewußt, so daß sie Ihnen künftig als Schnellindikator dienen können.

Werden Sie konstruktiv

Wir haben bereits früher über folgende drei Zustände gesprochen:

- **Der blockierte Zustand**, in dem wir nur wenig Zugang zu unseren Ressourcen finden und unsere Wahrnehmung eingeschränkt ist;
- **der Zustand der Neubesinnung**, in dem wir Situationen besonders intensiv wahrnehmen, neue Gesichtspunkte sehen, andere Töne und Stimmen hören, Zusammenhänge begreifen und Wege erspüren;
- **der schöpferische, kreative Energiezustand**, in dem wir unsere Fähigkeiten entfalten, Alternativen entwickeln und Lösungen finden können.

Um die verschiedenen Aspekte einer Entscheidungssituation zu erkennen, ist der Zustand der Neubesinnung besonders hilfreich. Im schöpferischen Energiezustand können wir dann Verhaltensmöglichkeiten entwickeln, Ziele bestimmen und Entscheidungen treffen. Es gilt also, den blockierten Zustand aufzuheben und die konstruktiven Zustände auszulösen.

Mit der letzten Übung können Sie die wesentlichen Signale für mangelnden Einklang ermitteln und durch eine Veränderung z. B. der Körperhaltung den entsprechenden blockierten Zustand auflösen. Wenn wir nun eine Situation intensiv nacherleben, in der wir besonders aufmerksam waren, geraten wir in den Zustand der Neubesinnung. Anschließend denken Sie an eine Situation, in der Sie Ihr Leistungsvermögen besonders intensiv spürten, neue Wege fanden und klare Entscheidungen trafen, d. h. im kreativen Energiezustand waren. Auch bei diesen Zuständen versuchen  wir ein für den jeweiligen Zustand besonders signifikantes Signal zu finden, mit dem wir uns künftig selbst und bewußt in den jeweiligen Zustand versetzen. Für die erhöhte Wahrnehmung kann das ein leichtes Vorbeugen des Oberkörpers, die Hand am Kinn oder ein tiefes Durchatmen sein, vielleicht ist es auch eine innere Stimme, ein Wort, ein Ton. Ähnlich kann ein Aufrichten, ein klarer Blick nach vorn, ein Verschränken der Hände oder ein ermunterndes Wort Auslöser für den schöpferischen Energiezustand sein. Experimentieren Sie, indem Sie sich bewußt und

sinnesspezifisch wahrnehmen und alle Ideen auspro-
bieren, die Ihnen in den Sinn kommen und hilfreich
erscheinen. Wesentlich ist, daß Sie für sich selbst ein
Wort, ein Bild, eine leichte Körperbewegung, ein Gefühl entwickeln, mit dem Sie dann jeweils den gewünschten Zustand erreichen. Je spielerischer Sie an
die Übung herangehen, um so kreativer werden Sie
sein. Wählen Sie sich Signale aus, die Sie auch in verschiedensten Situationen leicht und unauffällig benut-
zen können und die nicht bereits Indikatoren für
einen anderen als den jetzt von Ihnen angestrebten
Zustand sind.

Mit diesen Signalen haben Sie einen Schlüssel in der
Hand, sich selbst bewußt und eigenverantwortlich in
einen konstruktiven Zustand zu versetzen, in dem Sie
Ihre Entscheidung vorbereiten und fällen können.

Versetzen Sie sich selbst in einen konstruktiven Zustand

Innere Gelöstheit führt zu einer guten Lösung

Trotz eines frühen Wintereinbruchs will Jan an seinem Plan festhalten und pünktlich zu einer Verabredung erscheinen. Dies erfordert eine Autofahrt von
ca. 200 km. Eine Stimme in ihm warnt. Jan spürt
Zweifel, Ungeduld und Ärger in sich aufsteigen. Er
hat den Eindruck, wählen zu müssen zwischen einer
mutigen Entscheidung und ängstlichem Verhalten.
Ähnliche Szenen entstehen, wenn Jan in einer solchen

Situation fahren möchte, aber seine Eltern vor den unsicheren Wetterverhältnissen warnen. Dann kann es schnell zu einem Streit kommen. Vielleicht will Jan sich durchsetzen und die Bedenken seiner Eltern nicht hören. Oder er gibt halbherzig nach und ist dann mit dem Ergebnis doch unzufrieden.

Ein anderer Weg wäre, wenn Jan erkennt, daß seine innere Stimme – oder die seiner Eltern – ihm nicht schaden, sondern helfen wollen. Er löst sich von dem Gedanken, daß die Stimme ein Feind ist, und öffnet sich für Lösungen. Gemeinsam lassen sich dann verschiedene Alternativen finden, die Verabredung einzuhalten und dennoch Vorsicht walten zu lassen. Vielleicht fährt er mit dem Zug, oder er fährt früher ab oder er verschiebt den Termin um eine Stunde. Eventuell kann er auf ein sichereres Fahrzeug mit Winterreifen ausweichen etc. Kurz: Sobald alle Beteiligten erkennen, daß sie sich um ein positives Ergebnis bemühen, können sie auch konstruktiv zusammenarbeiten.

Die Überwindung tatsächlicher oder scheinbarer Gegensätze, z. B. in der Familie, nennen wir im Alltagsleben Versöhnung. Wenn wir Gedanken, Stimmen in uns, zusätzliche Gesichtspunkte, ein mahnendes Gefühl etc. nicht als Feind oder Widerspruch empfinden, sondern als einen anderen Teil von uns, der schützen und in unserem Sinne wirken will, kann es auch hier zur Versöhnung kommen. Wir können das zunächst Störende in einem hilfreichen Rahmen sehen. Dadurch lösen sich Spannungen auf. Wir können dies fühlen oder am entspannten Gesicht erkennen. Gelöstheit heißt hier, daß wir uns von Problemen und Beschränkungen befreit haben.

Am Ende eines Entscheidungsprozesses signalisiert der gelöste Zustand, daß wir den Zweifel überwunden, ein Ziel bestimmt und eine Lösung beschlossen haben. Der gelöste Zustand am Ende der Entscheidung ist ein guter Indikator, daß wir keine inneren Stimmen überhört haben.

Ein klares Ziel ist schon der halbe Weg

Entwickeln Sie Handlungsalternativen!

Fällt uns zu einem Thema nur eine Handlungsalternative ein, so haben wir wenig Entscheidungsspielraum. Entweder wir akzeptieren diesen einen Weg und entscheiden uns dafür, oder wir verzichten auf eine Lösung. Dieser Druck führt schnell in den blockierten Zustand. Nur wenig besser ist es, wenn uns lediglich zwei Lösungen einfallen. Auch hier kann das Entweder-Oder zum Dilemma werden. Wirkliche Entscheidungsfreiheit erhalten wir erst dann, wenn wir die Wahl zwischen drei oder mehr Alternativen haben. Diese Freiheit ermutigt uns, eine Entscheidung zu treffen.

Es ist daher hilfreich, vor der eigentlichen Entscheidungsphase möglichst viele Handlungsalternativen zu entwickeln, zwischen denen dann ausgewählt werden kann.

Alternativen finden

Der Weg führt vom problemorientierten zum zielorientierten Denken. Stellen Sie sich bitte vor, Sie hätten eine Wanderung gemacht und wären durstig. Sie haben Lust auf ein großes Bier, können dem aber nicht nachgeben, weil Sie anschließend noch mit dem Auto fahren müssen. Sie sind in einem Dilemma. Wenn Sie beim Ober Ihre Bestellung aufgäben mit einem «Bringen Sie mir bitte kein Bier», so wüßte dieser nicht, was er tun sollte. Seine Antwort wäre möglicherweise: «Ja, wollen Sie nun ein Bier oder nicht?» Und ähnlich ergeht es uns mit unserer Kreativität und den Ressourcen des Unbewußten. Versuchen Sie bitte einmal, sich kein Bier vorzustellen.

Vom problemorientierten zum zielorientierten Denken!

Wahrscheinlich werden Sie nun zwangsläufig an Bier denken, selbst wenn Sie es vorher nicht taten. Erst dann wenden Sie Energie auf, um dieses Bild auszuwischen oder den Gedanken zu negieren. Wir denken also gerade an das, was wir uns nicht gestatten wollen. Um uns davon zu lösen, benötigen wir zusätzliche Energie. Oft bleibt auch ein Bedauern, ein Gefühl wie: «Immer bin ich es, der auf etwas verzichten muß.» Dieser Gedanke steigert die Vorfreude auf ein anderes Getränk nicht. Die Lösung vom Problem ist die Hinwendung zum Ziel: Welches Getränk würde mir unter den momentanen Bedingungen gefallen? Im Loslassen des Problems liegt oft die Lösung. Vielleicht fällt Ihnen jetzt Saft oder Cola ein, oder Sie sagen sich, mir täte

jetzt auch ein Tee gut. Und wie sollte der Tee sein? Mit Zitrone? Gesüßt oder ungesüßt, heiß oder als Eistee? So entwickeln Sie eine Reihe von Alternativen. Sie denken nicht mehr an den Verzicht, sondern an die Auswahl. Im Entscheidungsprozeß prüfen Sie, welches Getränk Ihnen den größten Lustgewinn bringt.

Fallen Ihnen zu einem Thema nur wenige Lösungsalternativen ein, so fragen Sie sich, was z. B. Ihr Filmliebling in dieser Situation tun würde oder wie sich eine andere Person, die Sie schätzen, verhielte. Diese Methode des «So tun, als ob» hat den großen Vorteil, daß wir in der Kreativitätsphase für die unterschiedlichsten Lösungen offen bleiben. Ansonsten besteht die Gefahr, zu schnell zu bewerten, noch bevor wir eine Alternative als mögliches Ziel zu Ende gedacht haben. In der Bewertung überprüfen wir, ob es Gegenargumente, eventuelle negative Folgen etc. gibt, also etwas, das auch dagegen sprechen könnte. Die Realitätsüberprüfung erfordert ganz andere Ressourcen als die Kreativität. Beides sollten Sie voneinander trennen. Indem wir so tun, als ob, gehen wir spielerisch mit allen unseren Möglichkeiten um: Wir haben uns noch nicht festgelegt.

Haben Sie möglichst drei Sie ansprechende Alternativen gefunden, so ist dies eine gute Basis, mutig zur Entscheidungsphase überzugehen.

Sinn dieses Übungsschritts ist es also, daß Sie sich vom Problem lösen und möglichst viele Visionen für

Ihre Zielentscheidung entwickeln. Wechseln Sie dabei von der Problemhaltung in den kreativen Energiezustand, und vermeiden Sie die Position des Bewertens, die erst Teil des späteren Entscheidungsprozesses ist. Unterstützen Sie dies, indem Sie Ihre Körperhaltung verändern, also z. B. aufstehen und umhergehen oder einen anderen Platz einnehmen, wenn Sie vorher im Sitzen über das Problem nachgedacht haben. Sie sorgen damit für Bewegung, nehmen einen neuen Standpunkt ein und gewinnen zusätzliche Sichtweisen. Dies alles sind körperliche Auslöser, die auch unser Denken kreativer gestalten.

Formulieren Sie Ihr Ziel

Im Kapitel «Die Ziele sind entscheidend» haben wir Maria bei ihrer Zielfindung begleitet. Übersichtliche und genaue Zielbeschreibungen sind hilfreich bei der anschließenden Entscheidung, der endgültigen Zielbestimmung.
Wir erläutern die Übung am Beispiel von Ulla. Ullas Mutterschaftsurlaub geht in Kürze zu Ende, und sie überlegt, ob sie ihre Vollzeitstellung bei der Bank wiederaufnehmen, ganz zu Hause bleiben oder versuchen soll, künftig halbe Tage zu arbeiten. Die letzte Alternative erscheint ihr besonders reizvoll. Nun will sie überprüfen, ob dies wirklich ihr Ziel ist. Wichtig

Ausgeglichenheit ist wichtig

Sind Sie in Übereinstimmung mit sich selbst?

sind die sechs Schritte auf dem Weg zu klar formulierten Zielen:

1. Formulieren Sie Ihre Absicht positiv, also ergebnis- statt problemorientiert.
2. Stellen Sie sich das Ergebnis bitte konkret vor, möglichst mit allen Sinnen, also anschaulich, aussagefähig, griffig und klar.
3. Was wird sich gegenüber heute verändert haben? Überprüfen Sie, ob Sie Ihr Ziel erreichen können.
4. Berücksichtigen Sie die Situation, die Auswirkungen auf eventuelle Partner und ihre eigene Befindlichkeit.
5. Was müssen Sie tun, um Ihr Ziel zu erreichen? Welche Handlung bringt Sie auf den Weg zu Ihrem Ziel?
6. Überprüfen Sie jetzt noch einmal, ob Sie bereit sind, die Konsequenzen für die Erreichung zu tragen, und ob das Ziel weiterhin relevant für Sie ist.

Vielleicht haben Sie Lust, für sich selbst ein Ziel zu überprüfen, sei es nun parallel zu Ulla oder im Anschluß an diese Anregungen.

Zum 1. Schritt:
Denken Sie ergebnisorientiert.

«Ich werde halbe Tage arbeiten, mit Kolleginnen und Kollegen zusammentreffen, in meinem Beruf bleiben und mich fortbilden. Gleichzeitig habe ich genügend Zeit für meine Familie», so formuliert Ulla ihr Ziel. Tun Sie dies nun bitte auch für Ihr Vorhaben.

Bereits am Anfang dieses Kapitels haben wir auf das Problem negativ formulierter Ziele hingewiesen; Ulla vermeidet es, Aussagen wie «Ich will nicht nur zu Hause bleiben» oder «Ich will nicht ganze Tage arbeiten» zu formulieren. Auch Vergleiche wie z. B. «Meine Tochter soll es einmal besser haben als ich» oder «Ich werde es anders machen als meine Freundin» haben eine ähnliche Wirkung wie Negationen. Auch hier muß sich unser Unbewußtes zunächst das vorstellen, was wir nicht wollen. Mit unserem Verstand versuchen wir dann, das Vorzeichen zu ändern, aber lebendiger bleibt die Vorstellung dessen, was wir eigentlich vermeiden wollen. Es besteht die Gefahr, daß unsere Sinne sich auf das Problem statt auf unser Ziel einstellen.

Zum 2. Schritt:
Malen Sie sich Ihr Ziel aus.

Stellen Sie sich Ihr Ziel möglichst konkret, lebendig und sinnesspezifisch vor. Ulla sieht sich wieder an ihrem Schreibtisch, hört sich in Gesprächen mit den Kollegen, riecht die Arbeitsatmosphäre und fühlt sich dazugehörig. Sie spürt, wie ein wichtiger Teil ihres Lebens lebendig wird. Dann sieht sie sich zeitig nach Hause kommen, hört die Begrüßung ihrer Tochter und spürt das gute Gefühl, in Ruhe ihren häuslichen Aufgaben nachgehen zu können. Sie sieht eine gute Zukunft auf sich zukommen, die die verschiedenen Seiten in ihr zum Klingen bringt. Die Vorstellung vermittelt ihr ein gutes Gefühl.

Falls Sie bei Ihrer Zielvorstellung noch Fragen oder Widersprüche hören, Unklarheiten sehen oder spüren, daß Sie etwas noch nicht im Griff haben, so versuchen Sie, Ihr Ziel noch genauer zu beschreiben und eventuell zu variieren, bis es für Sie konkret und stimmig ist.

Zum 3. Schritt:
Überprüfen Sie Ihr Ziel.

Nachdem Sie im vorigen Schritt Ihre Zielsituation bereits erlebt haben, fragen Sie sich jetzt: Was wird dann anders sein als heute? Woran werde ich merken, daß ich mein Ziel erreicht habe? Ulla ist überrascht, als sie sich selbst hier ihren Eindruck schildern hört: «Ich lebe bewußter. Ich gehe disziplinierter mit der Zeit um und sorgfältiger mit meinem Äußeren. Ich spüre, daß mir das guttut. Ich lebe bewußter und auch selbstbewußter. Es ist sehr stimmig für mich. Ich habe mehr Kontakt und Kommunikation mit anderen und fühle mich auch selbst ansprechender.» Ulla beschreibt, was ihr bei der Zielerreichung wichtig ist. Und es wird

deutlich, woran sie überprüfen kann, ob sie sich auf dem richtigen Weg befindet. Ihre wesentlichste Wahrnehmungsebene ist dabei, das Gefühl zu spüren, bewußt zu leben und gute Kontakte zu anderen zu haben. Sollten Sie bei Ihrer Beschreibung festgestellt haben, daß dann die Welt anders aussieht als jetzt, oder stimmiger klingt, dann können Sie durch genaues Hinsehen bzw. das Hineinhorchen in sich immer wieder überprüfen, ob Sie auf dem Weg Ihrer Zielerreichung sind.

Zum 4. Schritt:
Denken Sie an eventuelle Folgen.

Hier geht es um unser Umfeld und unsere Befindlichkeit. Ulla ist sich sicher, daß auch ihre Familie die Entscheidung gutheißen wird. Im Büro läßt sich ihre Arbeit gut aufteilen; einige Halbtagskräfte sind dort bereits beschäftigt, und sie weiß, daß man bisher mit ihrer Arbeit zufrieden war. Intensiv erforscht sie, ob sie selbst ein ungutes Gefühl hätte, wenn sie ihre Tochter einige Stunden am Tag verließe. Sie kommt zu der Überzeugung, daß sie ihre Mutterrolle genauso gut, auf Dauer vielleicht sogar kompetenter erfüllen würde, wenn sie einer Halbtagsbeschäftigung nachginge. Anderslautende Ansichten, die z. B. besagten: «In den ersten Jahren gehört die Mutter nach Hause zu ihrem Kind», werden in ihrer engeren Umgebung nicht vertreten.

Die Verwirklichung unserer Ziele hängt sehr davon

ab, ob diese auch wirklichkeitsgerecht sind. Versuchen Sie daher zu erkennen, wo tatsächlich relevante Hindernisse bestehen. Aber denken Sie auch daran, daß wir nicht immer Ziele anstreben und Entscheidungen treffen können, die die Zustimmung aller finden. Überlegen Sie, ob ablehnende Stimmen von Personen kommen, die Einfluß auf Ihre Zielerreichung haben. Hindernissen läßt sich gut entgegenwirken, wenn sie erkannt worden sind. Manchmal ist es auch sinnvoll, ein Ziel so abzuändern, daß es sich unveränderlichen Gegebenheiten anpaßt.

Der Sinn dieses Schrittes ist es, daß Sie sich in der Überzeugung bestärken, ein realistisches Ziel zu verfolgen. Wenn der Zweifel überwiegt, so hängen Sie noch am Problem. Dann ist es sinnvoll, das Ziel zu variieren und nochmals mit dem ersten Schritt zu beginnen.

Zum 5. Schritt:
Erreichen Sie Ihr Ziel durch Handeln.
Aus Wünschen werden Ziele, wenn sie in unserem Kompetenzbereich liegen, d. h., wenn wir durch unser Handeln zur Zielerreichung beitragen können. Selbst für so entfernt liegende Wünsche wie das, Lottokönig zu werden, müssen wir uns zumindest ein Los kaufen. Je stärker wir mit unserem Handeln die Erreichung des angestrebten Zustandes sichern können, um so mehr können wir von unserem Ziel sprechen.

Ulla ist klar, daß sie rechtzeitig mit ihrem Arbeitgeber sprechen muß. Darauf kann sie sich gut vorbereiten.

Für die Betreuung ihrer Tochter während ihrer Abwesenheit muß sie noch Vorsorge treffen. Eine Möglichkeit ist ein entsprechendes Arrangement mit ihrem Mann, dann sind jedoch auch finanzielle Aspekte zu berücksichtigen. Realistischer erscheint es Ulla, eine Tagesmutter zu finden, zu der sie die Tochter für einen halben Tag bringen kann. Weitere Vorbereitungen für ihren Wiedereintritt in das Berufsleben braucht sie nicht zu treffen, da die Beurlaubung nicht lang gewesen ist.

Wie erreichen Sie Ihr Ziel? Welche Handlungen oder Verhaltensänderungen sind notwendig? Denken Sie daran, in welch hohem Maße wir selbst für unsere Ziele verantwortlich sind. Sich für etwas zu entscheiden und dann entschieden darauf hinzuwirken gehört so eng zusammen wie die zwei Seiten einer Münze.

Zum 6. Schritt:
Arbeiten Sie weiter an Ihrem Ziel.
Stellen Sie sich am Ende die Frage, ob Ihr Plan wirklich verheißungsvoll für Sie ist. Der Mut zur Entscheidung ist davon abhängig, ob das Ziel relevant genug ist, um die damit verbundenen Konsequenzen zu tragen. Wie intensiv ersehnen Sie Ihr Ziel herbei? Wie lebendig Ihr Wunsch ist, konnten Sie im 2. und 3. Schritt überprüfen, als Sie die Zielerreichung bereits im voraus erlebten.

Ulla wird klar, daß ihr Ziel für sie wirklich erstrebenswert und bedeutungsvoll ist. Auch die Konsequenzen erscheinen ihr angemessen. Ein wenig bedauert sie nur, daß ein nennenswerter Teil ihres Verdienstes für die Kinderbetreuung während ihrer Arbeitszeit aufgewendet werden muß. Sie geht daran, auch dieses Problem durch ein angemessenes Ziel aufzulösen. Ihr fällt ein, daß eine Kollegin, die ihr Kind nur wenige Wochen später als sie bekommen hat, sich mit dem gleichen Thema beschäftigt. Ulla schlägt ihr vor, sich eine Stelle und auch die Kinderbetreuung zu teilen. Diejenige von ihnen, die gerade nicht arbeitet, könnte in dieser Zeit auf beide Kinder aufpassen, zumal sie nicht weit voneinander entfernt wohnen. Nach der Klärung mit Hilfe der sechs Schritte finden sie eine für beide Seiten befriedigende Lösung.

Wenn Sie mit Ihrem Vorhaben beim 6. Schritt angelangt sind, das Ziel als bedeutend erkennen und die Konsequenzen akzeptieren, so wird Ihnen dies Ihre  Entscheidung erleichtern. Am Beispiel von Maria haben wir gesehen, daß wir diesen Weg auch dafür nutzen können, unser Ziel zu variieren und neue Modalitäten zu überprüfen, wenn beim ersten Zielentwurf Bedenken auftreten. Das Beispiel von Ulla kann Ihnen Mut machen, auch Zusatzthemen aufzunehmen und zu entscheiden.

Strategien zur Entscheidungsfindung

Unser Verhalten – Entscheidungen beispielsweise
schnell und sicher zu treffen oder zögerlich auszuwei-
chen – ist das Ergebnis einer Folge vorangegangener
Schritte. Diese Schritte nennen wir Strategien. Wir
haben gesehen, daß es Strategien gibt, die uns zum gewünschten Resultat führen, und solche, die es nicht
tun. Kennen wir die uns gemäße Entscheidungsstrategie, so können wir diesen Weg auch bewußt gehen.
Diese zu erkennen ist Ziel der folgenden Übung.

Die drei Phasen

Die Abfolge der Aktivitäten besteht aus drei Phasen:
- der Impuls, der Reiz, den wir aufnehmen und der
  eine bestimmte Strategie auslöst;
- die Art, wie wir die Impulse intern verarbeiten,
  also auf Erfahrungen zurückgreifen und Schlußfolgerungen ziehen;
- unser Verhalten, die Signale, die wir selbst nach
  außen senden.

Die richtige Entscheidungs-
strategie

- Impulse und Reize
  von außen, die eine
  Entscheidungssituation auslösen

Entscheidungsfindung:
- Zielklarheit, Zukunftsbilder
- Rückgriff auf Erfahrungen
  aus der Vergangenheit
- Schlußfolgerung

- Mut zur Entscheidung:
  Handeln für das Ziel!

Wir können auch von Input, Verarbeitung und Output sprechen. Das Ergebnis bzw. unser Verhalten wird durch die Art des Inputs und des Verarbeitungsprogramms beeinflußt. Das angestrebte Ergebnis ist der Mut zur Entscheidung. Die folgenden Übungsschritte helfen Ihnen, sich der Strategie bewußt zu werden, mit der Sie bisher erfolgreich Entscheidungen getroffen haben.

Die Strategie-Übung

1. Erinnern Sie sich bitte an eine Entscheidungssituation, die Sie erfolgreich mit einem für Sie befriedigenden Ergebnis abgeschlossen haben. Nehmen Sie sich Zeit, eine ganz konkrete Situation auszuwählen und diese nun so lebendig wie möglich nochmals nachzuempfinden. Malen Sie sich alle Details möglichst bildhaft aus. Nehmen Sie alle Töne und Geräusche intensiv wahr. Wiederholen Sie Ihre Körperhaltung und Mimik von damals. Probieren Sie so lange, bis Sie mit dem Ergebnis zufrieden sind.

2. Beschreiben Sie durch einige Fragen Ihre damaligen Vorgehensweisen möglichst genau. Falls Sie diese Übung allein durchführen, können Sie ein Tonband mitlaufen lassen und Ihre Antworten laut aussprechen.

A. Woran haben Sie zuerst gemerkt, daß es um eine Entscheidung gehen würde?

   War es etwas, das Sie gesehen haben?

War es etwas, das Sie gehört haben?

War es etwas, das Sie gespürt haben?

Was löste in Ihnen zuerst den Impuls oder den Gedanken aus, daß nun eine Entscheidung anstünde?

B. Was ließ Sie dann in dem Prozeß der Entscheidungsfindung weitergehen?

Welche Gedanken kamen Ihnen?

Haben Sie sich innerlich Bilder vorgestellt?

Haben Sie sich etwas gefragt, haben Sie etwas gesagt oder gehört?

Haben Sie etwas Bestimmtes gefühlt?

Wenn Sie jetzt noch nicht zu der Entscheidung gelangt sind, dann fragen Sie sich, wie oben beschrieben, was als nächstes geschah; was Sie gesehen, gehört oder gefühlt haben.

C. Der Moment der Entscheidung: Was haben Sie gesehen? Hatten Sie ein Bild über die getroffene Entscheidung?

Haben Sie sich etwas gesagt oder eine Stimme gehört?

Haben Sie etwas Bestimmtes gefühlt oder gespürt, wie Sie die Situation in den Griff bekamen?

Ist Ihnen sonst noch etwas aufgefallen?

3. Wenn Sie sich nun Ihre Antworten nochmals vergegenwärtigen und dabei möglicherweise das Tonband abhören, können Sie bestimmen, welche Sinne Sie bei jeder Ihrer Aktivitäten einsetzen.

Bei Joachim aus unserem Beispiel war die Erfolgsstrategie bei Phase A ein visueller Auslöser, bei B die interne auditive Bearbeitung und Abrufen von Erfahrungen sowie in Phase C die kinästhetische, gefühlsmäßige Überprüfung der Entscheidung. Bei dem Personalbearbeiter, der über den Kredit von Karl zu entscheiden hatte, waren die Phasen: ein externer auditiver Auslöser, interne visuelle Verarbeitung und interne auditive Überprüfung.

Insbesondere die Phase B kann bei komplexen Strategien aus mehreren Schrittfolgen bestehen. Wenn Sie Ihre eigene Strategie nochmals überprüfen wollen, so wiederholen Sie diese Übung, indem Sie sich eine andere, gleichfalls erfolgreiche Entscheidungssituation vorstellen. Mit den Fragen zu den Phasen A, B und C werden 3 wesentliche Wahrnehmungsebenen angesprochen, und zwar Sehen (visuell), Hören (auditiv) und Fühlen/Spüren (kinästhetisch). Die Bedeutung, die diese für Sie haben, können Sie daran erkennen, ob Ihnen bei diesen Fragen überhaupt etwas einfiel und, falls dies bei mehreren der Fall war, bei welchen Ihr Erleben spontaner und intensiver war.

Auch die Art Ihrer Beschreibung kann Ihnen zusätzliche Informationen geben. Haben Sie beispielsweise die Frage, was Sie gesehen haben, mit: «Ein stimmiges Bild mit ansprechenden Proportionen...» beantwortet, so gehören «stimmig» und «ansprechend» zum auditiven Wortschatz. Überprüfen Sie dann bitte, ob Ihre Vorstellung auf die Frage, was Sie gehört haben, intensiver ist. Sie können sich diesen Schritt auch gut vergegenwärtigen, wenn Sie sich nur auf das konzentrieren, was Sie gehört oder sich gefragt haben. Entsprechendes gilt natürlich auch für visuelle oder kinästhetische Aktivitäten.

Vertiefen Sie Ihre Erfolgsstrategie

Nachdem Sie Ihre erfolgreiche Entscheidungsstrategie erkannt haben, können Sie sich die entscheidenden Schritte noch bewußter machen, indem Sie Ihrer Strategie des Nicht-Entscheidens nachgehen. Dies geschieht in den gleichen Übungsschritten, nur daß Sie sich hierbei eine Situation vergegenwärtigen, in der Sie nicht zu einer Entscheidung kamen, also zögerten  und unentschlossen waren. Stellen Sie sich auch diese Situation möglichst konkret und lebendig vor, und gehen Sie dann den einzelnen Fragen nach. Die Auswertung zeigt Ihnen die Struktur Ihrer Strategie der Nicht-Entscheidung.

Überprüfen Sie nun bitte die Unterschiede zwischen Ihrer Strategie der Entscheidung und der Nicht-Entscheidung. Welche Weichenstellung ist entscheidend? Nachdem Joachim erkannt hatte, daß das intensive Auf-ihn-Einreden des Verkäufers zu seiner Unentschlossenheit geführt hatte, trainierte er in ähnlichen Situationen, den Ton auszuschalten und sich auf die

Bilder und Vorstellungen zu konzentrieren. Dann schaltete er auf seinen inneren Dialog um, stellte Informationsfragen an den Verkäufer und ließ seine innere Stimme die jeweiligen Antworten kommentieren. Der daraus entstehende Einklang brachte ihn zur Entscheidung und bestätigte sie.

Experimentieren Sie, wie Sie besonders bei den auslösenden Impulsen die Reize, die Sie in eine Strategie der Nicht-Entscheidung führen, ausblenden oder mildern können. Intensivieren Sie die, die Ihre erfolgreiche Entscheidungsstrategie einleiten. Mit etwas Übung werden Sie Ihr Bewußtsein schärfen. Möglicherweise wird nicht immer sofort Ihre Erfolgsstrategie aufgerufen, aber wenn Sie rechtzeitig die Impulse bemerken, die Sie in eine nicht erfolgreiche Verhaltensfolge führen, können Sie Ihre Wahrnehmungsebene bewußt aktivieren. Sie wird Ihnen den Zugang zu Ihrer Entscheidungsstrategie öffnen. Indem Sie Ihre Schritte bestimmen, bestimmen Sie auch Ihren Weg. So kommen Sie zum Erfolg und finden den Mut zur Entscheidung.

Entscheidungen sind
Meilensteine des Lebens

Handeln können wir nur in der Gegenwart, aber unsere Entscheidungen werden geprägt von unseren Erfahrungen der Vergangenheit und unseren Zielen für die Zukunft. Wie auf einer inneren Landkarte wird unser Lebensweg durch die verschiedenen Ereignisse gekennzeichnet. Wir können zeitlich auf diesem Weg zurückgehen, Geschehnisse nochmals erleben und damals getroffene Schlußfolgerungen mit unserem heutigen Wissen überprüfen und für die Zukunft korrigieren. Die Teile, die wir im Dunkeln lassen, sind wie ein unentdecktes Gebiet, das sich der Mitwirkung unseres Bewußtseins entzieht. Die Erwartungen für die Zukunft geben unserem weiteren Weg Richtung.

Erkennen Sie die Prägungen der Vergangenheit

Das letzte Kapitel hat gezeigt, wie wir uns durch die bewußte Erinnerung an Situationen, in denen wir Entscheidungen erfolgreich getroffen haben, ein Modell für die Zukunft entwickeln können. Indem wir unser eigenes erfolgreiches Entscheidungsverhalten in der Vergangenheit zur Basis unserer Entscheidungsstrategie machen, gewinnen wir die Gewißheit, über die notwendigen Fähigkeiten bereits zu verfügen. Nachdem wir die Fallstricke, die Auslöser, die uns zur Unentschlossenheit führen, erkannt haben, können wir ihnen nun künftig besser ausweichen. Am Beispiel von Julia haben wir gesehen, wie einige Schlüsselerlebnisse derart prägend wirken, daß sie uns noch heute bei Entscheidungen zögern lassen. Dies gilt vor allem, wenn uns damals nicht genügend Alternativen zur Verfügung standen. Diese Prägungen können wir konstruktiv beeinflussen, indem wir mit unseren heutigen Fähigkeiten zusätzliche Handlungsmöglichkeiten entwickeln. Erfahrungen, auf die wir in Entscheidungssituationen zurückgreifen, sind die Schlußfolgerungen aus früheren Erlebnissen. Wenn Sie die Geschehnisse mit neuem Bewußtsein erleben, können Sie auch die Schlußfolgerungen und damit den Erfahrungswert Ihren heutigen Ressourcen anpassen. Wahrscheinlich haben auch Sie schon Situationen erlebt, in denen man Sie zu schnellem Handeln drängen wollte. Häufig mußten wir dann feststellen, daß eine kurzfristige Entscheidung eher im Interesse der anderen als in unserem eigenen Interesse lag. Manchmal gehört auch Mut dazu, sich dafür zu entscheiden, noch keine Entscheidung zu treffen. Rufen Sie sich bitte auch solche Begebenheiten in Erinnerung, und beschreiben Sie sie möglichst genau auf verschiedenen

Wahrnehmungsebenen. Welches Verhalten Ihrer Umwelt, welche Gefühle, Stimmen oder Bilder in sich selbst können Sie als Signal erkennen, sich bewußt für das Abwarten zu entscheiden?

Formen Sie Ihre Zukunft

Aus den reflektierten Erfahrungen können wir Rückschlüsse ziehen, wie wir unseren weiteren Lebensweg gestalten wollen. Wann wollen Sie entscheiden? Wie lösen Sie Ihre erfolgreiche Entscheidungsstrategie aus? Wann vertagen Sie Entscheidungen bewußt? Ob Ihre Antworten stimmig sind, können Sie durch den Einklang Ihrer verschiedenen Stimmen überprüfen.  Ähnlich wie Hinweisschilder auf der Straße können Sie sich auch für Ihren zukünftigen Lebensweg Signale setzen, die Sie an das jeweilige Verhalten erinnern und den dazu förderlichen Zustand in Ihnen auslösen. Solche Auslöser können Worte oder ein Satz sein, ein Bild oder ein Gefühl. Sie geben Ihnen den Mut zur Entscheidung und eröffnen Ihnen den Zugang zu Ihren Fähigkeiten. In Ihrer Kreativität können Sie Zukunftsvisionen entwickeln, aus denen dann Ziele formbar sind. Diese verfügen über die magische Fähigkeit, auch unbewußte Kräfte für die Zielerreichung zu mobilisieren. Das fördert Ihre Zuversicht und Ihre Motivation.

Handeln Sie in der Gegenwart

Entscheidungen beenden den Vorgang des Wünschens und Planens. Sie finden ihren Abschluß in konstruktivem Handeln. Wer heute sät, wird morgen ernten können. Entscheiden Sie sich dafür, ab heute Mut zur Entscheidung zu haben – ebenso wie den Mut und die Gelassenheit, Entscheidungen zu vertagen. Dann werden auch Sie die Fähigkeit und die Weisheit entwickeln, sich zwischen diesen beiden Wegen situationsgerecht und in der für Sie sinnvollen Weise zu entscheiden.

Tips zum Weiterlesen

Bandler, Richard; Grinder, John: *Reframing. Ein ökologischer Ansatz in der Psychologie.* Paderborn 1990.
Unter Reframing wird im NLP das Umdeuten und Umdenken von Problemen (das Thema in einem anderen Rahmen sehen) verstanden. Die Gründer des NLP selbst geben in diesem nicht ganz einfach zu lesenden Buch viele Anregungen, Übungen und Beispiele.

Bandler, Richard; McDonald, John: *Der feine Unterschied. NLP-Übungsbuch zu den Submodalitäten.* Paderborn 1993.
Anhand vieler Übungen gibt dies Buch Anregungen, wie wir über die Sinne die eigene Stimmung, die Überzeugung und die Motivation beeinflussen können. Ein Buch für Fortgeschrittene.

Birker, Gabriele und Klaus: *Bewußt leben mit dem Unbewußten.* Speyer 1992.
Wege zur Selbstführung werden aufgezeigt, unterstützt durch die Drei-S-Methode und durch bewußte Meditation.

Dilts, Robert: *Die Veränderung von Glaubenssystemen*. Paderborn 1993.
Dilts, ein Schüler von Bandler, hat NLP um zusätzliche Impulse bereichert. Hier zeigt er in neu entwickelten NLP-Techniken, wie man Überzeugungen gewinnen kann, um neue Wege zu gehen oder alte Lebensentscheidungen loszulassen. Die Kenntnis der gängigen NLP-Modelle erleichtert das Lesen und das Verständnis.

Mohl, Alexa: *Der Zauberlehrling. Das NLP-Lern- und Übungsbuch*. Paderborn 1992.
Übersichtlich strukturiert wird hier ein umfassender Überblick über alle wichtigen NLP-Übungen gegeben und in die Methoden des NLP eingeführt.

Robbins, Anthony: *Grenzenlose Energie, das Power-Prinzip*. München 1991.
Eine engagierte Darstellung, Wege zur eigenen Entwicklung zu finden.

Stahl, Thies: *Neurolinguistisches Programmieren*. Mannheim 1992.
Ein übersichtlicher und fundierter Einblick in das NLP.

Weiß, Josef; unter Mitarbeit von Isolde Kirchner: *Selbst-Coaching*. Paderborn 1990.
Mit viel Praxisbezug werden verschiedene Bereiche des NLP dargestellt. Der Schwerpunkt liegt darauf, persönliche Power und Kompetenz zu gewinnen.

NLP: Psycho-Power

Streß mit dem Chef, Probleme in der Familie oder Angst vor der Zukunft - Probleme, die allein schwer zu meistern sind. Jetzt erscheint bei rororo das Psycho-Power-Programm zur Stärkung des Selbstbewußtseins, bekannt als **Neurolinguistisches Programmieren (NLP)**, das in den siebziger Jahren von den Amerikanern Richard Bandler und John Grinder entwickelt wurde. Knapp, praxisnah und verständlich geschrieben, bieten die Bücher konkrete Hilfe für Alltag und Beruf.

Barbara Schott
Gut drauf sein, wenn's schiefgeht
(rororo 9604)

Cool bleiben
(rororo 9603)

Andere Wege wagen
(rororo 9605)

Barbara Schott/ Klaus Birker
Freunde finden
(rororo 9668)

Prüfungsstreß ade
(rororo 9669)

Kompetent verhandeln
(rororo 9773)

Schüchternheit überwinden
(rororo 9774)

Barbara Schott
Prüfungsstreß ade
NLP – Das Psycho-Power-Programm

Dr. Barbara Schott ist seit 1984 Professorin für BWL und Marketing an der Fachhochschule Nürnberg. Ihre Ausbildung in NLP erhielt sie bei Reese, Grinder und Bandler in den USA und erwarb die «Certification in NLP» durch die «Society of Neuro-Linguistic - Programming». Seit langem unterhält sie ihr eigenes Institut «NLP-Praxis» in Nürnberg.

Klaus Birker ist Professor für Betriebswirtschaft (Führungslehre und Controlling) an der Fachhochschule Rheinland-Pfalz. Seit 1987 ist er zusammen mit seiner Frau tätig als Berater, Trainer und Coach, mit Zusatzausbildungen u.a. in NLP.

rororo sachbuch